W0103202

GEORG PATZER
50 x Württemberg

GEORG PATZER

50 x Württemberg
EINE SPANNENDE ZEITREISE DURCH DIE LANDESGESCHICHTE

Silberburg-Verlag

Georg Patzer, geboren 1957, gelernter Buchhändler, studierte Geschichte und Germanistik. Er ist Autor zahlreicher Fach- und Sachbücher. Als freier Journalist arbeitet er u. a. für die FAZ, die Stuttgarter Zeitung, die Jüdische Allgemeine, den Mannheimer Morgen, die Rheinpfalz, die taz und den SWR. Georg Patzer lebt in Karlsruhe.

Bildnachweis:
Dagmar Hollmann: Cover; LAD im RP/Y. Mühleis: S. 9; Thilo Parg: S. 10 unten, 11; Museopedia: S. 10 oben; Gerd Leibrock: S. 13 unten; Grey Geezer: S. 124; Archiv Silberburg-Verlag: S. 134, 135, 136; Hans G. Conrad/René Spitz: S. 159; ZKM | Center for Art and Media Karlsruhe/Foto: Paul Sessner: S. 161; S. Toepffer: S. 163; AP: S. 164, 165; Polizeihistorischer Verein Stuttgart: S. 168, 169; Bündnis 90/Die Grünen: S. 170; A9999 DB Obertreis: S. 171; Manfred Grohe: S. 172; Kamahele: S. 173, 174; Xocolatl: S. 175.

Seite 1: Württembergisches Wappen aus dem Spätmittelalter.

Seite 2/3: Leichenzug König Wilhelms I. zur Grabkapelle auf dem Württemberg.

1. Auflage 2017

© 2017 by Silberburg-Verlag GmbH,
Schönbuchstraße 48, D-72074 Tübingen.
Alle Rechte vorbehalten.
Umschlaggestaltung: Anette Wenzel, Tübingen.
Druck: Gulde-Druck, Tübingen.
Printed in Germany.

ISBN 978-3-8425-2011-0

Besuchen Sie uns im Internet und
entdecken Sie die Vielfalt unseres Verlagsprogramms:
www.silberburg.de

Ihre Meinung ist wichtig …

… für unsere Verlagsarbeit. Wir freuen
uns auf Kritik und Anregungen unter:

www.silberburg.de/Meinung

Inhalt

	Vorwort	7
32 000 v. Chr.	Der Löwenmensch auf der Alb	9
um 69	Kaiser Vespasian lässt eine Straße von Straßburg nach Tuttlingen bauen	12
1083	Konrad I. baut die Burg Wirtemberg	15
1178	Friedrich Barbarossa kauft das welfische Hausgut in Schwaben von Welf VI.	18
1366	Heinrich Seuse stirbt in Ulm	21
1377	Grundsteinlegung für das Ulmer Münster	24
1380	Gründung der Ravensburger Handelsgesellschaft	28
1397	Das französische Mömpelgard wird württembergisch	31
1477	Die Universität Tübingen wird gegründet	34
1482	Aufhebung der Landesteilung durch Eberhard im Bart	37
1498	Eberhard II. wird abgesetzt	40
1514	»Armer Konrad« und Bauernkrieg	43
1534	Herzog Christoph setzt die Reformation in Württemberg durch	47
1554	Der Landtag nimmt seine Arbeit wieder auf	52
1634	Schlacht bei Nördlingen im Dreißigjährigen Krieg	55
1704	Bau des Schlosses in Ludwigsburg	58
1738	Joseph Süß Oppenheimer wird hingerichtet	64
1742	»Gnomon Novi Testamenti« von Johann Albrecht Bengel erscheint	67
1762	Christoph Martin Wieland übersetzt Shakespeare in Biberach an der Riß	70
1777	Schubart wird auf dem Hohenasperg eingekerkert	74
1789	Friedrich List wird in Reutlingen geboren	77
1795	»Die Horen« im Verlag von Johann Friedrich Cotta erscheinen in Tübingen	80

1806	Herzog Friedrich wird König	83
1807	Hegels »Phänomenologie des Geistes« erscheint	88
1818	Königin Katharina gründet das Katharinenstift	91
1819	Württemberg bekommt eine neue Verfassung	94
1827	Wilhelm Hauff erzählt vom harten Leben im Schwarzwald	99
1846	Die Maschinenfabrik Esslingen wird gegründet	102
1849	Das »Rumpfparlament« tagt in Stuttgart	105
1851	Honoré Frédéric Fouquet kommt nach Stuttgart	108
1853	Eduard Mörikes »Historie von der schönen Lau« erscheint	111
1886	Robert Bosch gründet sein Unternehmen	114
1892	Hermann Hesse flieht aus Maulbronn	118
1900	Der erste Zeppelin fliegt über Friedrichshafen	121
1903	Margarete Steiffs Teddy-Bär erobert Amerika	124
1907	Clara Zetkin trifft in Stuttgart Rosa Luxemburg und Lenin	127
1918	In Friedrichshafen beginnt die Revolution in Württemberg	130
1920	Erich Schairers Heilbronner Sonntagszeitung erscheint	134
1922	Oskar Schlemmers »Triadisches Ballett« wird in Stuttgart uraufgeführt	137
1933	Württemberg wird nationalsozialistisch	140
1939	Georg Elser aus Hermaringen versucht, Hitler zu ermorden	143
1940	Tötungsanstalt Grafeneck	147
1944	Zerstörung von Heilbronn	150
1949	Theodor Heuss wird erster Bundespräsident	153
1951	Abstimmung über das Land Baden-Württemberg	156
1953	Kultureller Aufschwung	159
1960	Fritz Bauer lässt Adolf Eichmann vom Mossad entführen	164
1977	Gudrun Ensslin stirbt in Stuttgart-Stammheim	167
1979	In Sindelfingen wird der erste Landesverband der Grünen gegründet	170
1991	Hundertwasser baut ein Haus in Plochingen	173

Vorwort

Den Landesherrn verjagen, die damals höchste Kirche der Welt bauen, den ersten Zeppelin fliegen lassen, den ersten Bundespräsidenten stellen und den ersten grünen Ministerpräsidenten: Die Württemberger und die Schwaben konnten und können vieles, manchmal sogar Hochdeutsch: In diesem Ländle war einst der wichtigste Verlag der Klassik beheimatet. Das Land brachte die größten romantischen Dichter hervor und den einflussreichsten deutschen Philosophen, es mischte in der Revolution 1918 kräftig mit und leistete heftigen Widerstand gegen den Nationalsozialismus.

Württemberg oder Schwaben? Oft werden diese beiden Begriffe fälschlicherweise synonym benutzt, nicht nur von Nicht-Württembergern. Dabei gibt es sogar ein Schwaben, das gar nicht zu Württemberg gehört, sondern zu Bayern; Ulm, eine der großen Städte des Landes, war lange eine freie Reichsstadt gewesen und damit politisch gesehen weder schwäbisch noch württembergisch, und das Ländchen Mömpelgard gehörte mal zu Württemberg, mal zu Burgund, mal zu Frankreich. Um es einfach und pragmatisch zu halten, wird mit Württemberg in diesem Buch ganz einfach das Gebiet gemeint, das man heute als Württemberg kennt.

In fünfzig Etappen geht es hier durch die württembergische Geschichte. Die einzelnen Kapitel greifen Wendepunkte heraus, erzählen Höhepunkte oder, wie im Fall des Nationalsozialismus, auch einen Tiefpunkt. Manchmal auch eine Besonderheit, einen kleineren, aber wichtigen oder interessanten Aspekt. Die Kapitel stehen zudem nicht nur einzeln für sich und erzählen diese eine Geschichte. So erzählt das Kapitel über das Leben von Friedrich List auch etwas über die Entstehung der Eisenbahn, der Ab-

Ahnenreihe in Wappenform von Eberhard im Bart (1445 bis 1496).

schnitt über die Grundsteinlegung des Ulmer Münsters im 14. Jahrhundert berichtet auch, wann dieses großartige Bauwerk fertig wurde, nämlich 1890, und das Kapitel über die Revolution 1918 führt auch in die Politik der Weimarer Republik – es steht ja nie ein Ereignis für sich, hat historische Bedingungen und Konsequenzen. In manchen Kapiteln wird weiter ausgeholt, in anderen weniger, manche ergänzen sich. Insgesamt soll so eine Übersicht über die Geschichte Württembergs entstehen. Natürlich nicht komplett und nicht in allen Einzelheiten – das ist auf so kleinem Raum auch nicht zu leisten. So fehlt auch die reiche Kulturgeschichte des Landes, mit wenigen Ausnahmen. Vor allem soll dieses kleine Buch Lust darauf machen, sich mit der Geschichte dieses interessanten Landes zu beschäftigen.

32 000 v. Chr. *Der Löwenmensch auf der Alb*

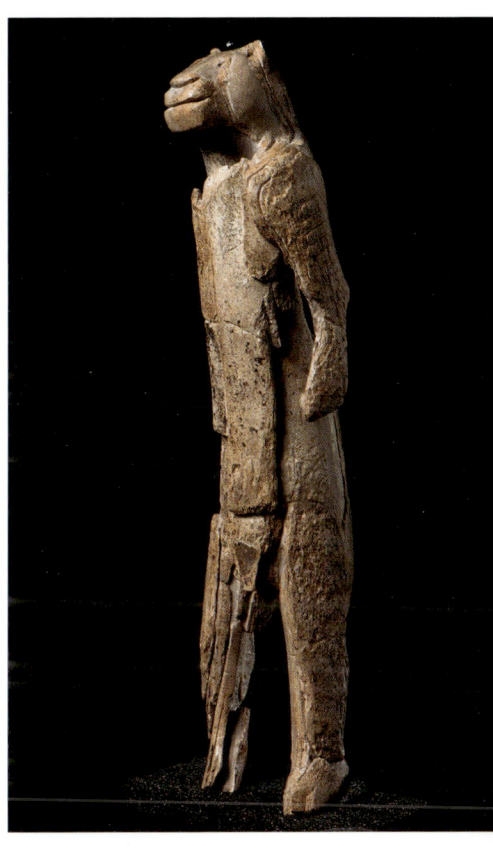

Aufrecht, auf beiden Füßen steht er. Die Arme hängen entspannt nach unten, der breite Nacken und die kräftigen Schultern zeugen von seiner Kraft. Beine und Körper sind menschlich, der Kopf aber ist der eines Löwen. Die Schnauze scheint zu lächeln, die Ohren sind aufmerksam aufgerichtet. Eine Löwenmähne oder ein Tuch fließt den Hinterkopf hinunter.

1939 entdeckten Archäologen im Lonetal bei Ulm, auf der Schwäbischen Alb, die 31 Zentimeter hohe Figur des »Löwenmenschen«. Sie hatten in der Stadel-Höhle am Hohlenstein systematisch nach eiszeitlichen Artefakten und Hinterlassenschaften gegraben, zum ersten Mal aber fanden sie jetzt in den Höhlen der Alb nicht nur Waffen, Werkzeug und Schmuck aus der letzten Eiszeit, sondern eine minutiös bearbeitete Figur, ein Kunstwerk.

Neben dem »Löwenmenschen«, der erst 2013 vervollständigt und rekonstruiert werden konnte, fand man dort rund fünfzig weitere Figuren aus Mammutelfenbein. Die meisten sind nur wenige Zentimeter groß, aber auch bei

■ *Der rekonstruierte Löwenmensch.*

■ Berühmte Pferdeskulptur aus der Vogelherdhöhle.

■ Die »Venus vom Hohlen Fels«.

ihnen ist auffällig, dass sie nicht rein naturalistische Darstellungen sind, sondern stilisierte Statuetten. Im Geißenklösterle bei Blaubeuren fand man 1974 eine Bisonfigur und Teile eines Mammuts und eines aufgerichteten Bären, im Hohlen Fels bei Schelklingen einen Pferdekopf und einen ziselierten Vogel. Und 2008 die »Venus vom Hohlen Fels«, eine nur wenige Zentimeter große Frauenfigur: eine archaische Gestalt und die einzige Menschendarstellung vom Beginn der Jüngeren Altsteinzeit auf der Schwäbischen Alb.

Kein Zweifel: Die Eiszeitmenschen auf der Alb waren Künstler. Vielleicht waren sie auch Schamanen. Zu welchem Zweck sie diese Figuren aus den Zähnen des Mammuts schnitzten, ist

Halle im Hohlen Fels bei Schelklingen.

bis heute nicht bekannt. Darstellungen von Tiermenschen sind selten und nur aus wenigen Höhlen in Frankreich und Italien bekannt. Sind es Götter? Geistwesen? Verkleidete Menschen, die als Heiler oder Priester agierten?

Überhaupt weiß man wenig über die Neandertaler, die auf der Schwäbischen Alb lebten. Nur, dass sie in Höhlen wohnten, Tiere jagten, sie manchmal in Abgründe trieben: Mammuts, Wisente, Steinböcke und sogar Bären, wahrscheinlich auch Rentiere, Schneehasen und Schneehühner. Sie stellten Werkzeuge her, Äxte, Hämmer und Pflugscharen. Und natürlich Waffen, Pfeile, Wurfspeere und Messer. Mühsam machten sie Feuer und hüteten es sorgsam, nähten Jacken, Hosen und Kleider aus Fell, fertigten Schmuck. Und irgendwann starben sie aus. Warum, weiß man nicht.

um 69 *Kaiser Vespasian lässt eine Straße von Straßburg nach Tuttlingen bauen*

■ *Der römische Kaiser Vespasian (9–79 n. Chr.).*

Die Ersten, die in Süddeutschland Eisen bearbeiteten, waren die Kelten, von denen heute noch beeindruckende Grabhügel und Schanzen zu bewundern sind. Nach ihnen kamen die Römer: Julius Cäsar (100–44 v. Chr.) eroberte fast ganz Gallien, der Rhein wurde zur Grenze des Römischen Reichs. Augustus (31 v. Chr.–14 n. Chr.) plante eine großgermanische Provinz. Dabei waren noch nicht einmal die Voralpenländer unter Kontrolle: Erst Drusus und Tiberius besiegten die 49 Alpenstämme, unter anderem die Rätier und Vindeliker, die teilweise auch in Oberschwaben lebten. Jetzt konnten die Römer Straßen über die Alpen bauen und Militärlager in Süddeutschland.

Die Nordgrenze der Provinz Rätien verlief an der Donau, wo in Unterkirchberg, Rißtissen, Emerkingen, Tuttlingen und Hüfingen Kastelle entstanden. Schon damals führte eine Straße von Hüfingen über den Schwarzwald zu den Kastellen Riegel und Sasbach und über den Rhein. Kaiser Vespasian (9–79 n. Chr.) ließ aus militärischen Gründen eine weitere Verbindung über den Schwarzwald bauen, durch das Kinzigtal bis an den oberen Neckar, bis Rottweil, von dort über die Alb nach Tuttlingen und Augsburg. Er verlegte die bisherigen Kastelle nach Norden: auf die Alb, nach Rottweil, Bad Cannstatt und Rottenburg, um das Gebiet

Orpheus-Mosaik aus Rottweil.

Detail der Jupitergigantensäule von Hausen an der Zaber.

abzusichern. Erst als Severus Alexander (208–235 n. Chr.) Truppen abzog, gelang es den Alamannen und Franken nach und nach, den Limes zu überwinden.

Die Römer brachten natürlich auch ihre Kultur mit, gründeten Städte, von denen einige zu ihrer Zeit dreimal so groß waren wie im Mittelalter: Rottweil (Arae Flaviae), Rottenburg (Sumelocenna) und Wimpfen (Alinensium). Es gab Rats- und Lagerhallen, Marktplätze, Tempel, Bäder und Theater für mehrere tausend Zuschauer. Die Häuser waren oft prächtig ausgestattet und hatten Fußbodenheizung. Über 1300 Gutshöfe (villae rusticae) entstanden, vor allem zwischen Rottenburg und Wimpfen und

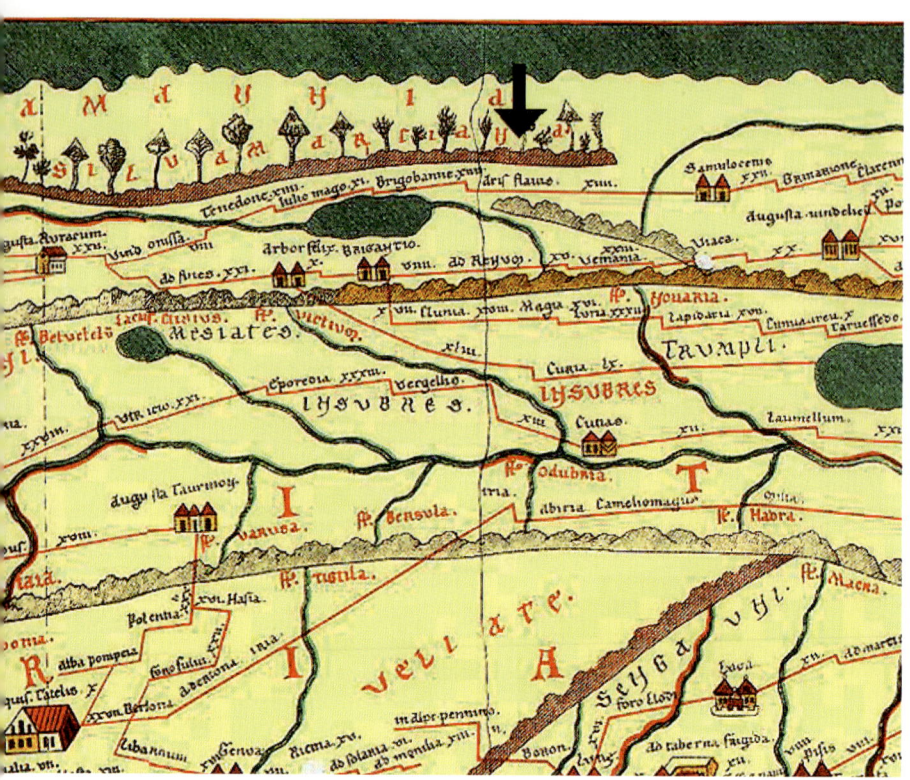

■ Die Peutingersche Tafel – mittelalterliche Kopie einer römischen Straßenkarte – zeigt auch das römische Rottweil (Pfeil).

zwischen Backnang und Pforzheim. Bewirtschaftet von Kaufleuten, hohen Beamten, Militärveteranen, die damit für ihre Dienste belohnt wurden, oder manchmal von einheimischen Pächtern wie dem heute noch bekannten Gaius Vettius Connougus. Dieser Kelte besaß ein Gut in Hausen bei Heilbronn und ließ eine 7,50 Meter hohe Säule errichten, zu Ehren Jupiters, mit ausgefeilten Götterdarstellungen um den Göttervater herum.

Viele Siedlungen und Städte verfielen beim Untergang des Römischen Reichs. Viele Römer waren vor den Alamannen in ihre Heimat geflüchtet und hinterließen ihnen ein aufgesiedeltes Württemberg. Vor allem der Schwarzwald und die Alb waren jedoch schon immer menschenleer gewesen, besonders auf den fruchtbaren Böden am Neckar siedelten sich nun die Alamannen an.

1083 Konrad I. baut die Burg Wirtemberg

Warum das Land einen so seltsamen Namen hat, weiß man nicht. Wirtemberg, Wirdeberch, Werdenberc, Wirtinsberk – immer wieder änderte er sich. Eine etwas böse Legende schlägt als Ursprung gar »Wirt am Berg« vor. Selbst Friedrich Schiller schrieb »Ein Wirtemberger ohne Wein, kann der ein Wirtemberger sein?« Am wahrscheinlichsten ist die Herleitung vom römisch-keltischen »wirodunum« (»dunum« heißt »Festung«), das dann zu »Wirten« verkürzt und mit »Berg« ergänzt wurde.

■ *Romantische Darstellung der Burg Wirtemberg.*

Doppeltumba von Herzogin Agnes von Liegnitz und Graf Ulrich I. dem Stifter in der Stuttgarter Stiftskirche.

Denn auf einem Berg lag sie, die Stammburg von Württemberg, 411 Meter hoch, beim heutigen Stuttgart-Untertürkheim. Gebaut wurde sie von einem Konrad von Beutelsbach um 1083. Erstmals erwähnt wurde dieser Konrad 1081 im Hirsauer Schenkungsbuch, später als Zeuge bei verschiedenen Verträgen, er herrschte bis 1110. Er gehörte wahrscheinlich zur Familie der Salier, eines der einflussreichsten deutschen Adelsgeschlechter, sein Bruder war Bruno, der Abt von Hirsau.

Nach diesen sporadischen Namensnennungen auf Dokumenten der Zeit traten erst Mitte des 12. Jahrhunderts wieder Württemberger auf, es gab sogar um 1135 einen Grafen Ludwig. Jetzt verbündeten sie sich auch mit den Staufern, was allerdings hieß, dass sie ihr Gebiet nicht vergrößern konnten, denn die mächtigeren Staufer machten das Gebiet um Esslingen zu ihrem Stammbesitz und waren im Neuerwerb durch Heirat oder Krieg sehr erfolgreich. In

der Tat wanderten die Württemberger nach Oberschwaben ab, wo sie sich später so weit konsolidieren konnten, dass sie eine größere Rolle in der Geschichte spielen konnten.

Nicht immer auch eine ehrenhafte: 1246 kämpfte Stauferkönig Konrad IV. (1228–1254) gegen seinen Gegenkönig Heinrich Raspe aus Thüringen, und seine Verbündeten Ulrich von Württemberg (1226–1265) und Hartmann von Grüningen wechselten plötzlich mit zwei Dritteln des Heeres die Seiten – damit war das Schicksal der Staufer im Südwesten besiegelt, das Territorium des Herzogtums ging nach und nach in den Besitz schwäbischer Adliger über. Ulrich sicherte sich das Kerngebiet des späteren Württembergs und übernahm viele staufische Städte, außerdem übernahm er die vorher badische Stadt Stuttgart durch die Heirat mit Mechthild von Baden. Die Grüninger Linie sank bald in den niederen Adel ab und starb 1670 ganz aus.

Graf Eberhard I. der Erlauchte (1265–1325) gewann ab 1313 große Gebiete um Backnang, Neuffen und Hohenneuffen, den Hohenasperg, Göppingen und den Hohenstaufen dazu. 1321 macht er Stuttgart zur Hauptstadt, baut das Alte Schloss und den Chor der Stiftskirche.

■ *Entwurf eines Denkmals für Graf Ulrich I. von Württemberg (1226–1265) aus dem Jahr 1578.*

1178 Friedrich Barbarossa kauft das welfische Hausgut in Schwaben von Welf VI.

■ *Kloster Lorch auf einer aquarellierten Zeichnung (18. Jh.).*

Lange Zeit war im heutigen Württemberg nicht entschieden, wer herrschen sollte, die Welfen oder die Staufer. Das änderte sich ab 1079, als Graf Friedrich von Staufen (um 1050–1105) zum Herzog von Schwaben erhoben wurde. Er war ein treuer Anhänger des salischen Kaisers Heinrich IV., auch während dessen Gang nach Canossa 1075, und mit dessen Tochter Agnes verheiratet. Seine unmittelbaren Konkurrenten waren die Welfen, die

um Weingarten und Ravensburg residierten, und die Zähringer vom Breisgau und dem Oberrhein. Nur in Nordschwaben regierte er unangefochten. Er baute die Burg auf dem Hohenstaufen, in Lorch wurde das Hauskloster seiner Dynastie installiert.

Als Kaiser Heinrich V. 1125 kinderlos starb, dachten die Söhne von Herzog Friedrich I., Friedrich II. der Einäugige und Konrad, sie wären die natürlichen Erben des Königsthrons, denn sie besaßen von der Mutter auch das salische Hausgut im Remstal und um Waiblingen. Die Kurfürsten aber wählten den sächsischen Herzog Lothar von Supplinburg (um 1075–1137), es kam zu heftigen Auseinandersetzungen. Lothars Schwiegersohn Heinrich der Stolze von Bayern besiegte die staufischen Brüder immer wieder, so zum Beispiel 1129 am Kloster Zwiefalten oder 1134 in Ulm. 1138 wurde Konrad dann doch noch zum König gewählt, gegen Heinrich den Stolzen. Die Kämpfe gingen weiter, Heinrich wurde geächtet, sein Sohn, Heinrich der Löwe, wurde Herzog von Sachsen.

Friedlichere Zeiten brachen erst an, als der designierte Herzog Friedrich III. von Schwaben (der spätere Friedrich I. Barbarossa), ein Neffe von Welf VI. und Vetter Heinrichs des Löwen, versuchte, weniger kriegerisch gegen die Welfen vorzugehen. Seine Macht wuchs, als König Konrad III. ihn 1152 zum Nachfolger bestimmte und er tatsächlich von den deutschen Fürsten gewählt wurde.

■ *Der Staufer König Konrad III. (1093/4 bis 1152).*

■ *Barbarossa auf dem Mainzer Hoffest im Jahr 1184.*

Im selben Jahr wurde deshalb Konrads Sohn Friedrich IV. Herzog von Schwaben. Aber als der 1167 kinderlos starb, fiel das Herzogtum Schwaben wieder an Barbarossas Stauferlinie zurück, ebenso die Besitzungen von Konrads Familie um Rothenburg, Bopfingen, Heilbronn und Eppingen. Das schwäbische Herzogtum wurde Teil des wachsenden Territoriums der staufisch-königlichen Hausmacht. Und Barbarossa gelang es nach der Belagerung Roms 1167, die wegen einer verheerenden Ruhrepidemie abgebrochen werden musste, Gebiete dazuzukaufen: Viele Adlige starben damals, auch der jüngste Sohn der Welfen, Welf VII. Sein Vater, Welf VI., war so verschuldet, dass er 1178, kurz vor seinem Tod, seinen gesamten Welfenbesitz um Ravensburg an Barbarossa verkaufen musste. Barbarossa ertrank 1190 auf einem Kreuzzug. Mit seiner Landkaufpolitik aber hatte er den Grundstein für die spätere starke Stellung des staufisch-schwäbischen Herzogtums gelegt.

1366 *Heinrich Seuse stirbt in Ulm*

Immer wieder zog es Mystiker an den Bodensee, im Mittelalter war er einer der Zentren der christlichen Mystik: Meister Eckhart machte um 1318 im Bodenseeraum Station, unter anderem im Nonnenkloster St. Katharinental bei Diessenhofen. Die als »Gute Beth« berühmt gewordene Mystikerin Elisabeth Achler, die 1386 bis 1420 im Kloster Reute bei Ravensburg lebte, ihre Nachfolgerin Ursula Haider, die später das Bickenkloster in Villingen leitete, Heinrich Seuse aus Konstanz oder Viktoria Hecht aus Wolpertswende, die

■ *Heinrich Seuse auf einem Gemälde aus dem Jahr 1601.*

im 19. Jahrhundert als Stigmatisierte verehrt wurde.

Heinrich Seuse (auch Suso), 1295 oder 1297 in Konstanz oder Überlingen geboren, wurde schon in jungen Jahren Dominikanermönch, studierte in Konstanz und Straßburg und ging 1323 nach Köln, wo er Schüler von Meister Eckhart wurde. 1326 kehrte er nach Konstanz zurück, als Meister Eckhart bereits als Ketzer verdächtigt wurde. 1329 bekam Seuse Berufsverbot, wurde aber 1334 rehabilitiert. Als die Dominikaner aus Konstanz fliehen mussten, weil sie im Konflikt zwischen Papst und Kaiser den Papst unterstützt hatten, ging auch er. 1342 wurde er Prior im Exil, 1348 verleumdet und nach Ulm versetzt, wo er 1366 starb. Als beliebter Seelsorger bereiste er das gesamte Oberrheingebiet. Sein Buch »Horologium Sapientiae« über christliche Spiritualität wurde in ganz Europa gelesen, es ist ein Meditationsbuch mit Überlegungen und Kontemplationen über Klosterwesen, Kirchenpolitik und Mystik.

Begonnen hatte er seine religiöse Laufbahn mit asketischen Übungen, Selbstkasteiungen und Essens- und Schlafentzug, mit denen er mystische Erlebnisse erzwingen wollte. Später rückte er von dieser harten Praxis ab: Wichtig wurden für ihn jetzt die tätige Nächstenliebe und das Akzeptieren von Leiden, ohne es aber zu suchen oder selbst hervorzurufen. Er empfahl, unter dem Einfluss von Meister Eckhart, »tugendliche, besonnene Übungen«, eine »kräftige Gelassenheit« und die »Stille des Gemüts«. In sei-

■ *Das Dominikanerkloster in Konstanz.*

■ *Seuse, angegriffen von Dämonen, Teufeln, Menschen und Tieren, Bild aus dem »Exemplar« (2. Hälfte 14. Jh.).*

nem Buch »Exemplar« nannte er als »Krone aller Übung« das »emsige Gebet«.

Meditation, Gebet und Nächstenliebe wurden ihm zum Weg, dem Leben Jesu nachzueifern und es quasi mitzuerleben. Sein »Büchlein der Ewigen Weisheit« war Anfang der Neuzeit das am weitesten verbreitete Andachtsbuch, ein praktischer Leitfaden zu rechtem Streben und christlichem Leben, das auch später noch von den Mystikern Thomas von Kempen, Johannes Gerson und Nikolaus von Kues bewundert wurde. Das Werk »Exemplar«, seine Memoiren, ist die erste Autobiographie in deutscher Sprache.

1377 Grundsteinlegung für das Ulmer Münster

Eine Pfarrkirche außerhalb der Stadt zu haben – das kann unpraktisch sein. Das merkten auch die Bewohner der Reichsstadt Ulm. Mit dreizehn anderen Reichsstädten, darunter Biberach, Isny, Lindau, Memmingen, Ravensburg, Reutlingen, Rottweil und Wangen, hatte sich Ulm 1331 zum Schwäbischen Städtebund zusammengeschlossen, zur gegenseitigen Unterstützung. Als Kaiser Karl IV. Ulm belagerte, weil ihm die schwäbischen Städte langsam zu mächtig geworden waren, konnten die Bür-

■ *Relief mit der Grundsteinlegung des Ulmer Münsters.*

ger nicht mehr zum Gottesdienst. Also beschlossen die reichen Bürger, eine neue Kirche zu bauen, nun aber mitten in der Stadt.

Um sowohl Gott als auch sich selbst zu feiern, sollte es ein prächtiger Bau werden, finanziert von den Bürgern selbst. Am 20. Juli 1377 wurde der Grundstein gelegt, ein Kran schaffte ihn in die riesige Baugrube, Bürgermeister Lutz Krafft kletterte hinterher und legte 100 Gulden auf den Stein – der Beginn einer Sammlung, der sich die Bürger anschlossen. Eine Kirchensäule zeigt noch heute als Skulptur den Bürgermeister und seine Frau Elisabeth Ehinger, die dem Architekten das Projekt auf die Schultern wuchten. Die Liste der Baumeister ist lang, denn fertig wurde das Münster lange nicht: Michael und Heinrich II. Parler waren die ersten Architekten des Münsters, nach ihnen plante Ulrich von Ensingen den Hauptturm, dann sein Sohn Matthäus, der in Straßburg gelernt und schon in Bern und Esslingen gearbeitet hatte, ebenso wie Matthäus Böblinger, der einen neuen Plan für den Hauptturm vorlegte.

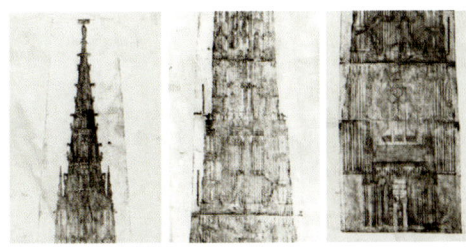

■ *Planriss mit dem Westturm des Münsters.*

Die alte Kirche wurde abgerissen, ganze Bauteile wurden in die neue Kirche eingebaut, so auch ein Tympanon und mehrere Portalelemente, an denen man noch die Jahreszahl 1356 lesen kann. Das Münster wurde größer und größer, bis 1492 das Gewölbe beinah zusammenbrach, weil das Fundament und die Statik dem Riesenbau nicht mehr standhielt. Der Plan musste wieder einmal geändert werden: Die Kirche wurde weniger überdimensional und statt achteckig viereckig weitergebaut. Böblingers Nachfolger Burkhard Engelberg teilte die neuen Seitenschiffe und nahm damit ein wenig Spannung aus den Münstermauern.

1524 kam der Reformator Konrad Sam als Prediger nach Ulm, im November 1530 kam es zu einem Volksentscheid

■ *Das Ulmer Münster kurz nach Wiederaufnahme der Bauarbeiten.*

über die Konfession, und obwohl der Kaiser ihnen drohte, bekannten sich die Ulmer mit über 80 Prozent zum Protestantismus. Aber der verbot allzu viel Schmuck in den Kirchen. Und es kam zu einem der mildesten Bilderstürme der Geschichte: Kein Aufruhr, kein Geschrei, kein wüstes Verbrennen. Die schwäbischen Bürger trugen einfach die sowieso aus der Mode gekommenen gotischen Meisterwerke aus der Kirche, die privaten Altäre gingen an die Besitzer, die anderen kamen in ein Magazin. Ob die 50 Altäre, Statuen und Bildnisse wirklich als Feuerholz an die Armen verteilt wurden, wie manche Quellen berichten, oder ob sie in Pfarrkirchen in der Umgebung aufgestellt wurden, ist nicht ganz klar.

Das Chorgestühl, ein fantastisches Gesamtkunstwerk und in Konkurrenz zum damals neuen Chorgestühl in Konstanz erbaut, wurde verschont. Vielleicht weil es, vom Ulmer Schreinermeister Jörg Syrlin d. Ä., dem Bildhauer Michel Erhart und weiteren Künstlern 1468 bis 1474 geschnitzt, hunderte griechische und römische Künstler, antike Gelehrte und weise Frauen darstellte. Es war damit weniger ein religiöses als ein Zeichen des aufgeklärten Humanismus. Natürlich auch der »Schmerzensmann« von Hans Mutschler von 1429 – Christus nicht als Überwinder des Leidens, sondern als schmerzverzerrter, leidender Mensch.

Aber das Münster wurde und wurde nicht fertig. Wie viele andere große Kirchen auch: Köln, Regensburg, Bremen, Meißen. 1543 musste der Ulmer Rat sparen und stellte die Arbeiten ganz ein. Auch unfertig war es ein gewaltiger Bau. Erst die Romantik mit ihrer Begeisterung für das

Mittelalter und die Suche nach den »deutschen Wurzeln« ließen auch die Ulmer wieder mit dem Bau beginnen, 1844. Zuerst wurde die recht instabile Kirche stabilisiert, Architekt Ferdinand Thrän spannte zwischen 1856 und 1870 die 18 Meter weiten filigranen Strebebögen über die Seitenschiffe und baute die beiden Chortürme. 1880 standen sie.

Und dann bauten die Ulmer noch den Hauptturm aus und statt der geplanten 151 Meter Höhe setzte der Architekt August von Beyer noch zehn Meter obendrauf. Der Kölner Dom war 157 Meter hoch, das Ulmer Münster ab 1890 genau 161,53 Meter – und damit die höchste Kirche der Welt.

Eine berühmte Legende gibt es zum Münster: die vom Ulmer Spatz. Der Spatz soll den Ulmern durch sein Beispiel beim Nestbau gezeigt haben, dass man einen langen Balken nicht quer, sondern längs durch ein Tor tragen soll – schlaues Tierchen.

■ *Postkarte mit dem fertiggestellten Münster, um 1900.*

1380 Gründung der Ravensburger Handelsgesellschaft

»Mercatores Alemani« wurden sie genannt, waren auf allen großen europäischen Märkten vertreten, meist in Gesellschaften zusammengeschlossen. Die größte Gesellschaft zwischen 1380 und 1530 und die erste große private stammte aus dem Schwäbischen: die »Magna Societas Alamannorum«, die Große Handelsgesellschaft der Deutschen, noch vor den berühmten Fuggern in Augsburg. Sie handelten in ganz Europa, von London bis Mailand, von Brügge bis Breslau. Eine Handelsgesellschaft von internationalem Format und eine der reichsten und erfolgreichsten des späten Mittelalters.

Gegründet wurde die Große Ravensburger Handelsgesellschaft 1380 von den Familien Humpis aus Ravensburg, Mötteli aus Buchhorn (heute: Friedrichshafen) und

■ *Das vielturmige Ravensburg auf einem Stich aus dem Jahr 1605.*

Muntprat aus Konstanz, die teilweise miteinander verwandt und alle schon vorher im Fernhandel tätig waren. Mitglieder aller drei Familien waren seit Generationen in der städtischen Politik tätig, als Bürgermeister oder Amtmänner. Lütfried Muntprat galt zu Anfang des 15. Jahrhunderts als der reichste Mann Schwabens.

Sie begannen ihren Handel mit oberschwäbischen Leinenwebwaren und Barchent, einem Gemisch aus Leinen und Baumwolle. 1402 kam der Handel mit Papier dazu, als Ravensburg eine der ersten Papiermühlen nördlich der Alpen baute. Später weiteten sie ihr Gebiet aus und handelten mit allem, was gebraucht wurde: mit Alltagsgütern wie Leinwand, Barchent, Wolle, Farbstoffen und Metallerzeugnissen, aber auch mit Luxusgütern wie Safran, Korallen, Zucker, Südfrüchten, Reis, Datteln und Feigen, Seide, Pelzen und Fellen. Anders als die Fugger, die ihr Handwerk bei den Ravensburgern lernten, machten sie aber keine direkten Bankgeschäfte.

Ihr Aufstieg und Reichtum wurde dadurch begünstigt, dass sich während des Übergangs vom Mittelalter zur Neuzeit eine neue Wirtschaftsstruktur entwickelte, von der Selbstversorgung zur Überschussproduktion; der Fernhandel nahm große Dimensionen an, die Reichen gierten nach Luxusgütern.

Die Ravensburger Handelsgesellschaft brach zusammen, als sich mit der Entdeckung Amerikas das internationale Geschäft veränderte und in Teilen an die Atlantikküste ver-

■ *Grabstein von Henggi Humpis in der evangelischen Stadtkirche von Ravensburg.*

■ *Der Lindauer Kaufmann Oswolt Krel auf einem Gemälde von Albrecht Dürer, 1499.*

■ *Kaufleute im Spätmittelalter.*

lagerte und weil die Ravensburger nicht mehr genug investierten und das neue Bankengeschäft schlicht verpassten. Stattdessen zogen sie sich langsam vom Geschäft zurück und kauften sich riesige Güter: so die Muntprats die Herrschaften Spiegelberg und Salenstein. Damit begann der Aufstieg der risikofreudigeren Fugger, die unter anderem Karl V. mit viel Geld zum Kaisertum verhalfen. Der erteilte ihnen dafür die Genehmigungen für das Erzgeschäft, den Silberbergbau in Tirol und den Kupferabbau in Oberungarn, der heutigen Slowakei.

1397 Das französische Mömpelgard wird württembergisch

Der 13. November im Jahr 1397: Der württembergische Graf Eberhard III. der Milde schließt einen Heiratsvertrag ab, für seinen Sohn Eberhard IV. (1388–1419) und Henriette von Mömpelgard-Montfaucon (zwischen 1384 und 1391–1444). 1407 heiraten die beiden, Henriette wird Gräfin von Württemberg, und die Grafschaft Mömpelgard wird württembergisch: Es gab keine standesgemäßen männlichen Erben, und Henriette war

Graf Eberhard III. der Milde im Kreise seiner Räte.

■ Henriette von Mömpelgard auf einem Glasfenster im Chor der Tübinger Stiftskirche.

die älteste Tochter. Mömpelgard und eine große Zahl weiterer Herrschaften waren eine riesige Mitgift, Henriette bekam als Ausgleich 3000 Gulden jährliches Einkommen.

1408 wurde ihnen die Tochter Anna geboren, vier Jahre später kam Ludwig I. (1412–1450) zur Welt, kurz darauf Ulrich V. der Vielgeliebte (1413–1480). Allerdings soll die Ehe nicht glücklich gewesen sein. Und als Eberhard 1419 starb, übernahm überraschenderweise Henriette statt eines männlichen Verwandten, wie normalerweise üblich, die Vormundschaft für die beiden Jungen und zusammen mit den württembergischen Räten die Regentschaft über das riesige Land. Wie die Witwe aus Frankreich das durchsetzte, ist bis heute nicht bekannt.

1421 hatte sie ihre Tochter Anna an den Grafen von Katzenelnbogen verheiratet und zog sich aus der Regentschaft zurück. Sie wollte, dass Anna die Herrschaft über Mömpelgard bekam, aber ihre Söhne waren nicht einverstanden: Sie nahmen ihre Mutter so lange im Nürtinger Schloss in »Beugehaft«, bis sie einknickte. Dafür bekam sie die Regentschaft über ihr Heimatland zugesprochen, bis zu ihrem Tod. Und die war ganz zum Wohl Mömpelgards: Steuersenkungen, Subventionen, neue Brücken und das Privileg zum Salzverkauf gaben dem Land wirtschaftliche Impulse. Die selbstbewusste Frau starb 1444, die Mömpelgarder nennen sie noch heute »die gute Gräfin«. Und zu Weihnachten kam in Montbéliard lange Zeit nicht der

Die Hochzeit von Eberhard IV. und Henriette von Mömpelgard

Weihnachtsmann, sondern »Tante Arie« – so lautet die Koseform von Henriette.

Mit Heinrich von Württemberg, dem Vetter von Eberhard im Bart, kam 1573 noch einmal ein eigener Regent nach Mömpelgard. 1482 fiel es wieder an Württemberg zurück und blieb dort bis 1793. Und es wurde auch lutherisch: Es war (und ist noch heute) eines der wenigen protestantischen Gebiete in Frankreich, ein Zufluchtsort für verfolgte Protestanten. Die meisten Pfarrer wurden in Tübingen ausgebildet, und die Kirche Saint-Martin, nach einem Entwurf von Heinrich Schickhardt 1601 bis 1607 erbaut, ist die älteste evangelische Kirche in Frankreich. Der Herrenberger Schickhardt (1558–1635) baute viele Häuser in der Residenzstadt Mömpelgard, das Logis des gentilshommes im Schloss, das Collège universitaire, das Neue Stadtviertel und den Modellbauernhof La Souaberie. Erst mit der Französischen Revolution ging dieses Territorium 1793 an die Franzosen.

1477 Die Universität Tübingen wird gegründet

■ Mechthild von der Pfalz, Grabmal in der Tübinger Stiftskirche.

Schon Gräfin Mechthild von der Pfalz (1419–1482) wusste, wie wichtig Bildung ist: Ihr Vorfahr, Pfalzgraf Ruprecht I., gründete die Universität Heidelberg, ihr zweiter Mann Albrecht von Österreich die Freiburger, und sie selbst verlegte das Stift Sindelfingen nach Tübingen. Und so war es nicht erstaunlich, dass sich ihr Sohn Eberhard im Bart (1445–1496) 1477 entschied, in Tübingen, einem kleinen Landstädtchen, eine Universität zu gründen. Sie wurde eine der wichtigsten Hochschulen im deutschen Südwesten.

Schnell entstanden nach der Ankündigung die ersten Gebäude in der Nähe des Neckars, schon im Oktober 1477 wurde der Vorlesungsbetrieb aufgenommen, 1482 waren alle Bauten fertig. Mit 14 Professoren begannen die Vorlesungen: drei Theologen, sechs Juristen (drei für das geistliche und drei für das weltliche Recht), zwei Mediziner und drei für die »artes liberales«, die freien Künste. Aber erst nach der Einführung der Reformation in Württemberg 1534 stieg die Zahl der Studenten an, und vor dem Dreißigjährigen Krieg war Tübingen die einzige lutherische Universität in Süddeutschland, auch die Mömpelgarder Pfarrer studierten hier. Für Theologie blieb sie lange wegweisend und führend, zwei Drittel aller Studenten bis 1800 waren Theologen, selbst wenn sie dann nicht als Pfarrer, sondern als Hauslehrer arbeiteten wie Friedrich Hölderlin oder Georg Wilhelm Friedrich Hegel.

■ Zuerst Graf, später Herzog: Eberhard im Bart (1445–1496).

Juristen wurden für die Verwaltung gebraucht, Medizin studierten allerdings nur wenige: Dieser Beruf war lange Zeit eher ein Handwerk.

Der erste Rektor der Universität war Johannes Nauclerus (1425–1510), ehemals Erzieher des Grafen Eberhard im Bart und Bruder des württembergischen Kanzlers Ludwig Vergenhans. Er war Jurist in Basel und Pfarrer in Stuttgart. Von ihm stammt die erste Universitätsverfassung, und er holte auch den berühmten Humanisten Johannes Reuchlin nach Tübingen.

Viele württembergische Dichter und Gelehrte studierten oder lehrten in Tübingen. Die Liste ist ein wahres »Who's who« der württembergischen (und deutschen) Geistes-

■ Die Sieben Freien Künste im Tübinger Hausbuch (15. Jh.).

■ Johannes Nauclerus (1425–1510), erster Rektor der Tübinger Universität.

größen: der Philosoph Friedrich Wilhelm Joseph Schelling, der mit Hegel und Hölderlin in einem Zimmer wohnte, die Theologen Philipp Melanchthon, Dietrich Bonhoeffer, Hans Küng und Joseph Ratzinger (Papst Benedikt XVI.). Die Dichter Eduard Mörike, Ludwig Uhland und Christoph Martin Wieland, die Juristen Fritz Bauer (Mitinitiator der Frankfurter Auschwitz-Prozesse), Roman Herzog und Manfred Rommel. Marcel Reich-Ranicki, Siegfried Unseld und Ulrich Tukur – diese Liste ließe sich seitenlang fortführen.

1482 *Aufhebung der Landesteilung durch Eberhard im Bart*

Durch Erbteilung wurden immer wieder Länder zersplittert, durch Todesfälle, Hochzeiten oder Verträge zusammengelegt oder wiedervereinigt. Und nicht selten lagen die Herrschaften einige hundert Kilometer voneinander entfernt, wie Mömpelgard von Stuttgart.

Ein Schicksal, das auch Württemberg teilte. Nach dem Tod von Graf Eberhard IV. (1388–1419) regierten seine Söhne, Ludwig I. (1412–1450) und Ulrich V. (1413–1480), eine Weile das Land gemeinsam. Schon bald aber hatten sie sich zerstritten und beschlossen die Teilung des Landes zuerst auf vier Jahre, im Nürtinger Vertrag 1442 für immer. Ludwig I. bekam die westliche und südliche Hälfte des Landes mit Urach, Tübingen, Tuttlingen und Calw; Ulrich V. erhielt Stuttgart, Cannstatt, Waiblingen, Marbach, Göppingen und Nürtingen. Erst unter Eberhard im Bart wurde die Teilung wieder aufgehoben.

Eberhard im Bart (1445–1496) wurde bereits 1459 offiziell für volljährig erklärt. 1468 ging er auf Wallfahrt nach Jerusalem, von wo er mit seinem berühmten Bart zurückkehrte, den er sich wegen eines Gelübdes stehen ließ. Er gründete 1477 die Universität Tübingen, förderte die staatliche Finanzaufsicht, reformierte Kirchen und Klös-

■ *Eberhard IV. von Württemberg (1388–1419).*

■ Ulrich V. der Vielgeliebte war von 1441 bis 1480 Graf von Württemberg-Stuttgart.

ter und vertrieb die Juden aus Württemberg. 1495 wurde er zum Herzog von Württemberg und Teck ernannt. Im gleichen Jahr erließ er mit der »Landesordnung« die erste einheitliche Gesetzgebung für Württemberg.

Nach und nach gelang es ihm, seinen Einfluss auch auf den Stuttgarter Teil auszudehnen: Sowohl sein Vetter Eberhard VI. der Jüngere (1447–1504) als auch sein Vater hatten schlecht gewirtschaftet und Stuttgart durch Kriegszüge und ausufernde Feste fast ruiniert. Und so hatten sie seine Hilfe akzeptiert. Und er hat es für sich genutzt: 1482 ließ er das Stuttgarter und das Uracher Württemberg wieder zusammenlegen, die gemeinsame Residenz wurde Stuttgart. Er gestand seinem Vetter zunächst Mitspracherechte zu, später verweigerte er sie ihm aber. Nach mehreren Versuchen kam es 1492 zum Vergleich von Esslingen, wonach »der Jüngere« beim Tod des älteren beide Landesteile erben sollte. Allerdings mit einer Auflage: ein ständiger Regimentsrat, ein Landhofmeister (Chef der Landesverwaltung) und zwölf Räte sollten in Regierungsgeschäften mitbestimmen.

Eberhard der Jüngere aber missachtete dies, versuchte als unumschränkter Herrscher zu herrschen. Er wurde abgesetzt und floh nach Ulm. Bis zur Volljährigkeit seines Neffen Ulrich im Jahr 1503 regierte ein Ständerat das Land.

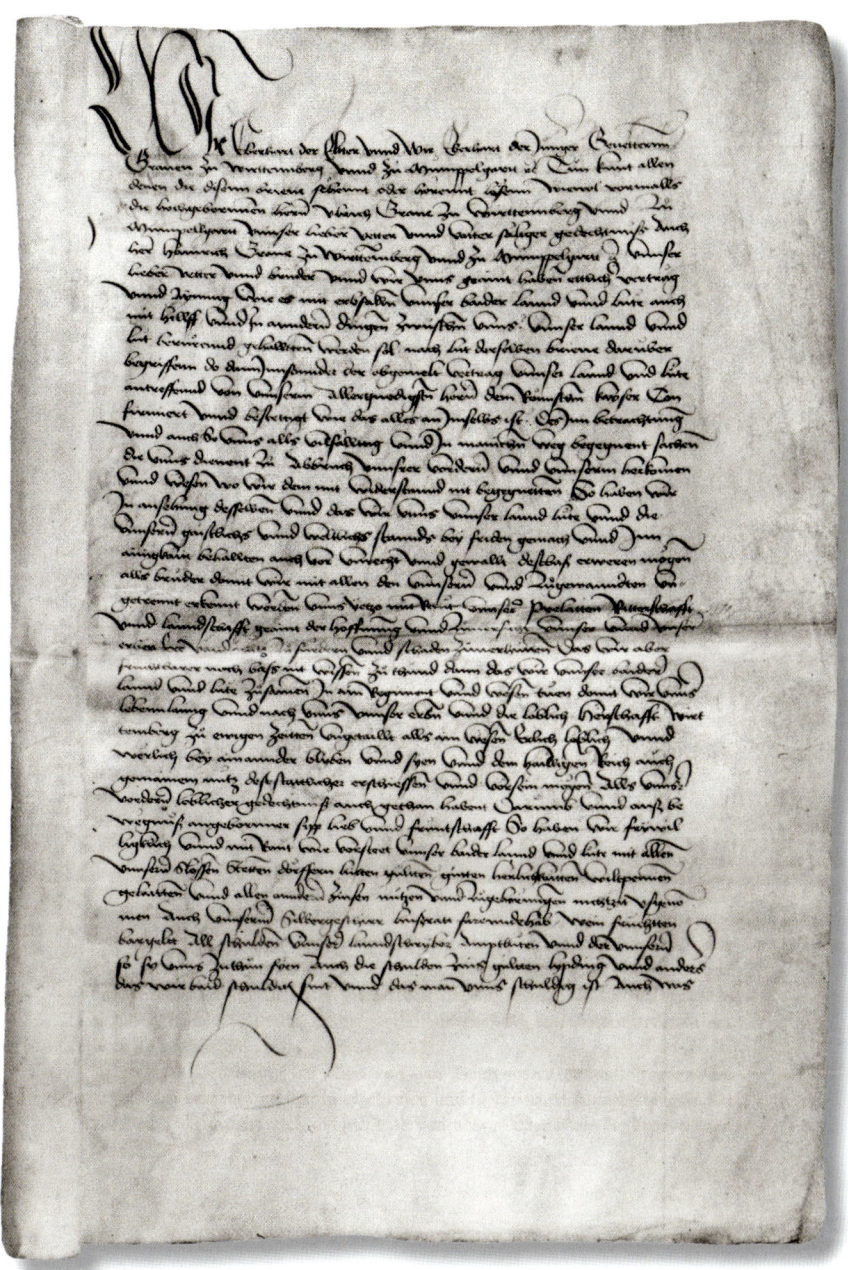

■ Mit dem Münsinger Vertrag von 1482 wurden die beiden Landesteile wieder vereinigt.

1498 Eberhard II. wird abgesetzt

König Maximilian (1459–1519) intervenierte in Württemberg.

Im Jahre 1498 geschah etwas für die absolutistische Welt Unglaubliches: Der Herzog von Württemberg wurde abgesetzt. Es begann mit dem Reichstag zu Worms drei Jahre vorher, als König Maximilian Württemberg zum Herzogtum erhob und aus Graf Eberhard VI. von Urach – der mit dem Bart – Herzog Eberhard I. wurde. Durch eine kluge Politik, durch Erbverträge und Schlichtungen zwischen dem bankrotten Grafen Ulrich aus der Stuttgarter Linie und seinen prunksüchtigen Söhnen hatte er 1482 mit dem Münsinger Vertrag eine Wiedervereinigung des Landes erreicht. Zum Nachteil der Stuttgarter Linie, die bei Eberhards Tod nicht das ganze vereinigte Land, sondern nur ihren Stuttgarter Teil erben sollte. Zudem durften die Stuttgarter Grafen ihren Teil nicht verpfänden, verkaufen oder verschenken, außer in einem Notfall und nur, wenn zwölf Räte Eberhards im Bart es genehmigen würden.

Dennoch gelang es Eberhard II. (1447–1504), seit 1480 Graf von Württemberg-Stuttgart, beim Tod des Herzogs umstandslos die Macht über das ganze Land zu übernehmen. Allerdings glücklos und nicht lange. Der Esslinger Vertrag von 1492 legte dann wieder die Einheit des Landes fest, er sah allerdings auch vor, dass er das Land mit einem ständischen Regimentsrat (ein Landhofmeister und zwölf Räte) gemeinsam regieren musste. Eberhard II. missachtete diesen Vertrag. Daraufhin putschte 1498 die gesamte poli-

■ *Der Herzog, der entmachtet wurde: Eberhard II. (1447–1504).*

tische Elite des Landes gegen ihren Herzog: Landhofmeister, Kanzler, Räte, Prälaten, Ritter und Landschaft. Eberhard floh nach Ulm, aus Angst, lebenslang eingekerkert zu werden (es gab Gerüchte), und später zum Kurfürsten Philipp von der Pfalz, wo er 1504 auf Burg Lindenfels im Odenwald starb. Sofort nach seiner Flucht wurde ihm die Regierung entzogen, König Maximilian I. übernahm das Land als regierender Herzog zwei Monate später. Kurz darauf akzeptierte Eberhard II. seine Absetzung. Erst 1503 endete die Regierung des Ständerats.

Der Tübinger Vertrag 1514 stärkte die Stellung der Landstände noch. Herzog Ulrich, durch den Aufstand des »Armen Konrad« in die Enge getrieben, sicherte sich ihre Unterstützung bei der Niederschlagung, sie zahlten da-

- *Auf Burg Lindenfels im Odenwald starb Eberhard II.*

- *Kurfürst Philipp der Aufrichtige (s. u.) gewährte Eberhard II. Asyl.*

für seine Schulden, über 900 000 Gulden, bekamen aber zugestanden, dass sie bei Steuererhebungen, der Landesverteidigung und bei dem Verkauf von Landesteilen ab jetzt zustimmen müssen. Ab jetzt konnte im Land kaum ein Herzog mehr ohne diese selbstbewussten Untertanen regieren. Das merkte selbst noch Karl Eugen, als er 1759 die Kasse der Landstände plünderte und Amtmänner einkerkerte: Die Landstände zogen vor den Kaiser. 1770 wurde Karl Eugen durch Kaiserin Maria Theresia höchstselbst ein Vertrag aufgezwungen, der seinen Zugriff auf die Finanzen einschränkte.

1514 »Armer Konrad« und Bauernkrieg

Das Los der Bauern war immer schon schwer. Sie mussten mit harter Arbeit das Land ernähren, bei Missernten verhungerten viele, und sie waren den Herrschern mehr oder weniger rechtlos ausgeliefert. Anfang des 16. Jahrhunderts aber gab es gewaltsame Versuche, das zu ändern: den »Bundschuh« in Baden, den »Armen Konrad« in Württemberg, den großen Bauernkrieg. »Armer Konrad« war die Bezeichnung des normalen, armen Bürgers, so etwas wie Hinz oder Kunz – damals war der beliebteste Vorname Konrad.

Der Aufstand des »Armen Konrad« entflammte, als Herzog Ulrich (1487–1550) die Steuern erhöhte, weil er hochverschuldet war: Zu viele Kriege, zu viele Feste und Jagden und die gigantische Hochzeit mit Sabine von Bayern, die zwei Wochen dauerte, mit bis zu 16 000 Gästen pro Tag. Er erhob, um trotzdem noch einen Krieg gegen Burgund führen zu können, 1513 eine Vermögenssteuer. Nach Protesten der Ehrbarkeit (der reichen Stadtbürger) wurde sie in eine Steuer auf Fleisch, Wein und Getreide umgewandelt. Und es war keine normale Preiserhöhung, sondern man ließ die Gewichte heimlich austauschen, ein Kilogewicht wog jetzt weniger als ein Kilo. Natürlich fiel das irgendwann auf und empörte: Im Mai 1514 nahm der Winzer »Gaispeter« aus Beutelsbach bei Schorndorf die neuen Gewichte und warf sie in die Rems. Er forderte ein Gottesur-

■ *Herzog Ulrich (1487–1550) ließ den Aufstand niederschlagen.*

Bewaffnete Bauernhaufen bildeten ein schlagkräftiges Heer.

teil: Gehen die Gewichte unter, haben die Bauern recht, schwimmen sie, hat Gott gesprochen. Sie gingen unter. Als das Gericht und der Bürgermeister die Gewichte zurückverlangten, zog der Gaispeter zur Nikolauskapelle und läutete Sturm, womit er die Bauern der Gegend zusammenrief – so weit die Legende. Jedenfalls hob Herzog Ulrich die Steuer wieder auf, damit aus der kleinen Revolte nicht mehr wurde. Er sprach sogar mit den Bauern in Schorndorf und sah von einer Bestrafung ab.

Aber am 5. Mai gab es in Leonberg und Markgröningen weitere Unruhen, angestachelt vom Pfarrer Reinhard Gaißlin. Der Gaispeter und ein anderer Bauer namens Bantelhans wollten jetzt auf der Kirchweih in Untertürkheim die Gelegenheit nutzen, die Leute aufzuwiegeln, die Obrigkeit verbot ihnen die Teilnahme. Dafür versammelten sich Hunderte von bewaffneten Bauern auf dem Stuttgarter Wasen. Es kam zu einem Tumult, als Bauern wenige Tage später lärmend durch Stuttgart zogen, während sich die lokalen Ämter dort trafen, um über die Unzufriedenheit im Land zu beraten. Als Herzog Ulrich am 15. Juli nach Schorndorf ritt, stand er 7000 bewaffneten Bauern und Bürgern gegenüber, die ihn sogar angriffen und vertrieben. Sie sammelten sich auf dem Kappelberg bei Beutelsbach, aber bei Waiblingen standen jetzt schon herzogliche Truppen. Sofort brach der Widerstand zusammen, am 7. und 9. August wurden die Anführer enthauptet.

Zehn Jahre später, 1524, schlossen sich wieder Bauern und verarmte Ritter zusammen. Und diesmal war es kein lokal begrenzter Aufstand, diesmal war halb Deutschland beteiligt: Es war der erste Massenaufstand der europäischen Geschichte. Vielleicht waren sie auch von einer Schrift Luthers aus dem Jahr 1520 inspiriert, »Von der Freyheith eines Christenmenschen«, in der es hieß: »Ein Christenmensch ist ein freier Herr über alle Dinge und niemand untertan.« Luther hatte das Jenseits gemeint, aber es konnte auch auf das Diesseits gedeutet werden. Es gab sogar Reformatoren, die dieser Version zustimmten, so Ulrich Zwingli (1484–1531) oder Thomas Müntzer (1489–1525).

■ *Luthers Schrift »Von der Freyheith eines Christenmenschen« inspirierte womöglich die aufständischen Bauern.*

In Memmingen trafen sich im März 1525 Bauern aus dem Allgäu, Oberschwaben und dem Bodenseeraum und verfassten die »Zwölf Artikel«. Sie forderten dabei die Aufhebung der Leibeigenschaft, die freie Wahl und Abwahl des Gemeindepfarrers, freien Zugang zu Wald, Wild und Fisch, die Reduzierung der Frondienste und der Pacht, die Abschaffung der Erbsteuer und der rechtlichen Willkür. Sie wollten gleiches Recht für alle und beriefen sich dabei auf die Heilige Schrift. Rasend schnell verbreiteten sich diese zwölf Artikel in ganz Deutschland.

In sogenannten Haufen organisierten sich die Bauern, Bürger und Landsknechte stießen zu ihnen. Der »Helle Lichte Haufen« aus Neckartälern und Odenwäldern bildete ein großes Heer. Schon im Oktober 1524 waren 3500 Mann Richtung Furtwangen gezogen, am Bodensee formierte sich der Baltringer Haufen mit 12 000 Bewaffneten, der Allgäuer Haufen bestand aus 7000 Männern.

■ *In Schorndorf fand der »Arme Konrad« ein grausames Ende.*

■ *Gedenktafel für die in Schorndorf Hingerichteten.*

Sie zogen durch das Land, plünderten Klöster, stürmten Burgen und belagerten Städte. Viele Städte schlossen sich ihnen an oder gaben ihren Widerstand schnell auf. Nur in Weinsberg gab es ein Massaker an der Bevölkerung, als ein Graf auf die Unterhändler schießen ließ – normalerweise hatten sie freies Geleit.

Als die Heere des Herzogs und des Schwäbischen Bundes die Bauernhaufen einzeln angriffen und alle Schlachten gewannen, brach der Aufstand zusammen: Bei Leipheim wurde der erste »Haufen« besiegt, im thüringischen Frankenhausen fand im Mai eine der größten Schlachten statt, im selben Monat wurden im Kampf von Böblingen die Bauern aus Württemberg, dem Schwarzwald und dem Hegau geschlagen.

1534 Herzog Christoph setzt die Reformation in Württemberg durch

Herzog Christoph von Württemberg (1515–1568).

Als Christoph im Jahr 1515 geboren wurde, war in Württemberg die Welt noch in Ordnung: Er war der einzige Sohn von Herzog Ulrich, das Herzogtum gehörte zu den mittleren Reichsständen in Deutschland, die Bevölkerung war recht wohlhabend, Wein und Getreide sicherte ihr ein Einkommen.

Vier Jahre später änderte sich alles: Sein Vater wurde als Landfriedensverbrecher verurteilt und vom Schwäbischen Bund vertrieben, er hatte sich gegen seinen kaiserlichen Schwiegervater gestellt, seine Frau misshandelt und die Reichsstadt Reutlingen angegriffen. Württemberg wurde jetzt direkt vom Habsburger Kaiser regiert. Wie es weitergehen sollte, war noch nicht entschieden. Und ob Christoph Herzog werden würde, durchaus nicht sicher. Er wuchs am Hof des Kaisers auf, als er aber nach Spanien geschickt werden sollte, floh er zu den Wittelsbachern nach Bayern – seine Mutter Sabina war eine bayrische Prinzessin. Die Wittelsbacher waren sehr erfreut, weil sie hofften, mit

■ Zusammen mit Herzog Christoph schuf Johannes Brenz die württembergische Kirchenordnung.

ihm als Pfand Zugriff auf Württemberg zu bekommen.

Aber 1534 kam Ulrich zurück, eroberte Württemberg und Christoph (1515–1568) konnte nun wieder sein Nachfolger werden. Doch auch Ulrich schickte seinen Sohn weit weg, wohl aus Angst vor einem Staatsstreich, an den Hof des französischen Ritterkönigs Franz I.: Der war einer der gebildetsten und aufgeklärtesten Männer seiner Zeit und hatte sogar ein Bündnis mit dem Osmanischen Reich abgeschlossen.

1542 wurde Christoph Statthalter von Mömpelgard. Erstaunlicherweise versuchte er, der katholisch aufgewachsen war, den lutherischen Glauben durchzusetzen. Wann er ihn überhaupt kennengelernt hatte, weiß man nicht. Christoph organisierte das Land neu und hatte dabei auch keine Angst vor Konflikten mit den selbstbewussten Bürgern. Er heiratete Anna Maria, die Tochter des protestantischen Markgrafen Georg von Brandenburg-Ansbach.

Aber sein Vater hatte kein Glück in der Politik: Im Vertrag von Kaaden 1534 wurde Württemberg dem Habsburgerreich zugeschlagen; der Kaiser gab es gleich an Ulrich als Lehen. Im Schmalkaldischen Krieg allerdings stellte der sich gegen den Kaiser – als Lehensmann ging das gar nicht. Der folgende Prozess zog sich lange hin, noch 1550, als Christoph Herzog wurde, war er nicht beendet. Und so

Anna Maria von Brandenburg (1526–1589), Herzog Christophs Gemahlin.

verhielt er sich zunächst vorsichtig, bis der Prozess zu seinen Gunsten ausging.

Der 1555 geschlossene Augsburger Religionsfrieden, der für das Deutsche Reich festlegte, dass der Landesherr die Religion des Landes bestimmen konnte, gab Christoph die Rechtssicherheit, die lutherische Landeskirche aufzubauen. 1559 erschien die »Große Kirchenordnung«, die in 19 Artikeln alle Einzelheiten des kirchlichen Lebens regelte. Die Landeskirche stabilisierte sich so schnell, dass Christoph unter den evangelischen Landesfürsten einen guten Ruf hatte. Er nutzte ihn, um sich für den konfessionellen Religionsfrieden einzusetzen und die theologische und politische Einigung aller lutherischen Territorien im Reich voranzutreiben. Mit dem Theologen Johannes Brenz (1499–1570) reiste er durch Deutschland. Sie beteiligten sich an Diskussionen über Verfassungen und Durchsetzungsmöglichkeiten und unterstützten andere evangelische Fürsten bei der Neuordnung ihrer Länder: Karl II. von Baden-Pforzheim, Ottheinrich von der Pfalz, Wilhelm V. von Kleve. Jakob Andreae (1528–1590), ein Theologe aus Waiblingen, führte diese Arbeit fort, in Pfalz-Neuburg, Hohenlohe und Baden-Pforzheim.

Geschrieben hat die »Große Kirchenordnung« Johannes Brenz. Er stammte aus Weil der Stadt, studierte in Heidelberg und erlebte dort Martin Luther bei der Heidelberger Disputation; von diesem war er sehr beeindruckt. In der Reichsstadt Schwäbisch Hall wurde er Pfarrer und entwarf dort 1527 mit dem Stadtrat eine erste Kirchenordnung. Im gleichen Jahr verfasste er einen ersten lutherischen Katechismus, 1535 einen zweiten, den erfolgreichsten seiner Art, weil er kurz und prägnant die Grundsätze des neuen Glaubens zusammenfasste.

Schon Herzog Ulrich hatte auf Brenz' Schriften zurückgegriffen und ihn ab 1537 die Universität Tübingen neu organisieren lassen. Brenz wurde Propst der Stuttgarter Stiftskirche, das höchste Kirchenamt des Landes. Zusammen mit Christoph schuf er einen Kirchenrat mit geistlichen und weltlichen Mitgliedern und 1553 die erste Kirchenordnung, in der der Ablauf der Gottesdienste und die kirchlichen Amtshandlungen von der Taufe bis zum Begräbnis genau festgelegt waren. Die 1559 erschienene »Große Kirchenordnung« fasste auf über 500 Seiten alle Verordnungen zusammen, regelte auch die öffentliche Armenfürsorge, das Eherecht, das Schulwesen. Damit war für Herzog Christoph das Land auf eine christliche Grundlage gestellt worden, der er sich verpflichtet fühlte.

■ *Jakob Andreae (1528–1590), Theologe, Reformator, Kanzler.*

Sein Versuch, das Land zu strukturieren und diese Ordnung verbindlich für alle zu machen, spiegelt sich auch im Landrecht von 1555 und 1567 und der Landesordnung von 1567 wieder. Christoph gelang dies so gut, dass viele seiner Bestimmungen über zwei Jahrzehnte bis zur napoleonischen Neuordnung Europas um 1800 gültig blieben. Erfolgreich war Christoph auch bei der Konsolidierung der zerrütteten Staatsfinanzen und dem Aufbau einer modernen Verwaltung, beides half seinen Nachfolgern erheblich und machte Württemberg zu einem gefestigten kleinen Land in Deutschland.

1554 Der Landtag nimmt seine Arbeit wieder auf

■ *Herzog Ulrich berief ab 1534 keinen Landtag mehr ein.*

Sechzehn Jahre wurde der Landtag nicht einberufen, Herzog Ulrich (1487–1550) wollte mit ihm nicht zusammenarbeiten. Das war kein Wunder: 1519 war er nach dem Überfall auf die Reichsstadt Reutlingen aus dem Land vertrieben worden, der Kaiser regierte, und die Landstände konnten ihre Macht ausbauen: Sie verwalteten eigenständig die Finanzen und bildeten einen permanent tagenden Ausschuss. Zwanzig Landtage sind in diesen Jahren bekannt. Bis Ulrich 1534 das Land zurückeroberte und keinen Landtag mehr einberief, bis zu seinem Tod. Erst 1554, unter seinem Nachfolger Christoph (1515–1568), nahm der Landtag seine Arbeit wieder auf.

Nicht ohne Spannung verlief die Zusammenarbeit mit Christoph. Es war ein ständiges Tauziehen um die Macht: Manchmal siegten die Landstände, manchmal ignorierte er sie, um allein und souverän mit seinem von ihm eingesetzten Geheimen Rat zu regieren. Dabei gab es eine lange Tradition in Württemberg, dass die Landstände, die sich aus Ritterschaft, Prälaten und »Ehrbarkeit« zusammensetzten (die Ehrbarkeit, das waren die Patrizier, die städtische Oberschicht), ein Mitsprache- oder sogar Mitbestimmungsrecht hatten.

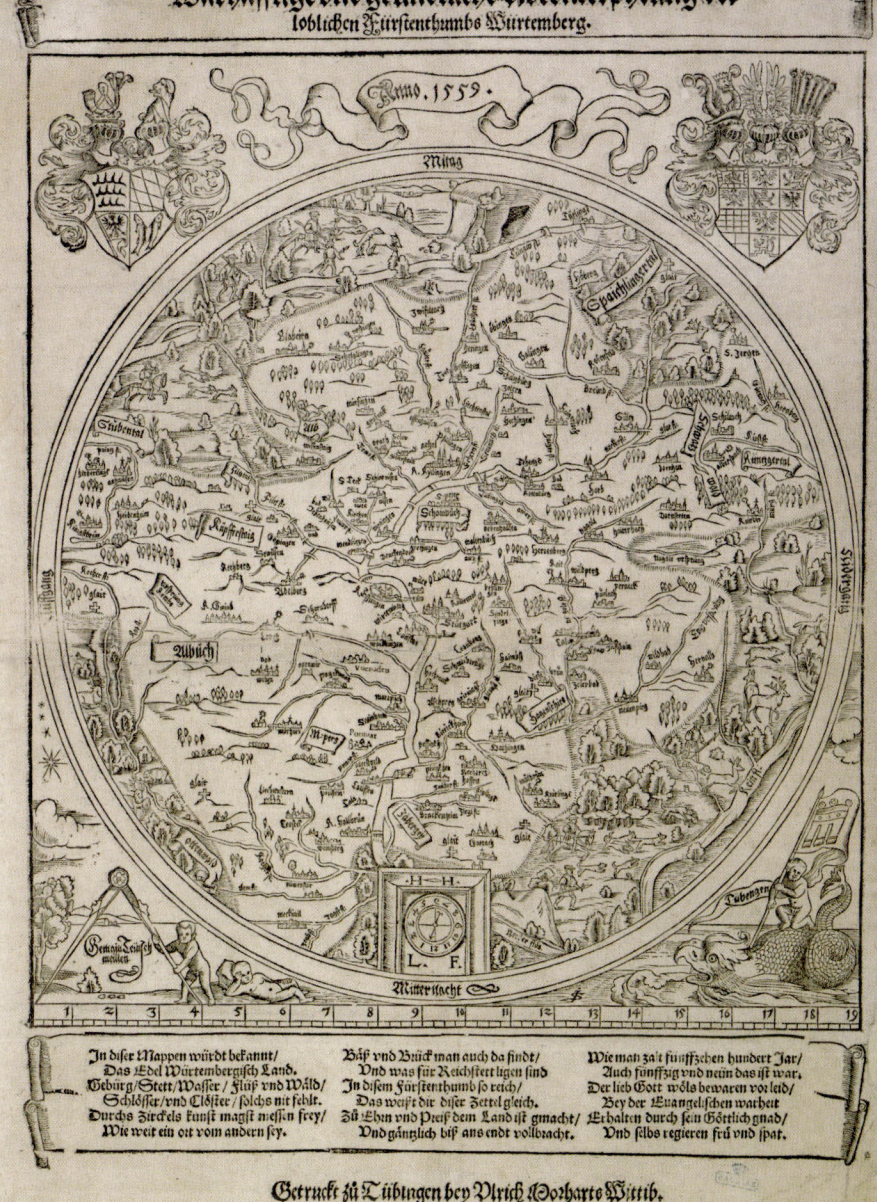

Landkarte von Württemberg aus dem Jahr 1559.

Erst unter Herzog Christoph erlebte der württembergische Landtag wieder einen Aufschwung.

Bereits 1316, als Graf Eberhard I. der Erlauchte mit der Reichsstadt Esslingen einen Frieden schloss, sandten acht seiner Städte ihre Vertreter. Im 15. Jahrhundert wurden regelmäßig Landtage abgehalten, um über Kriege und ihre Finanzierung, aber auch über Politik zu beraten. 1457 bekam Ulrich V. von Württemberg-Stuttgart Geld von den Landständen. Im selben Jahr entschied der Landtag über die Vormundschaft seines Neffen Eberhard.

Ab dem 15. Jahrhundert bestand ein Landtag etwa aus 30 Lehensrittern, 14 Äbten und über 100 Abgeordneten der Städte und kleineren Ämtern (so etwas wie Gemeinden). Vor allem die bürgerlichen Vertreter trugen mit ihren Steuern zum Staatsetat bei – deswegen pochten sie auf ihr Mitspracherecht und bekamen es auch nach und nach.

1498 waren sie bereits so mächtig, dass sie Herzog Eberhard II. absetzen und mit Genehmigung des Kaisers das Herzogtum Württemberg regieren konnten – eigentlich war es damit schon beinah eine Republik. 1514 stärkten sie ihre Macht noch einmal, als der bankrotte Herzog Ulrich sie bei der Bekämpfung des »Armer Konrad«-Aufstands um Hilfe bat. Sie gewährten die finanzielle Hilfe nur gegen weitgehende Zugeständnisse, die bis 1805 in Kraft blieben. Einiges davon wurde schon praktiziert und von Ulrich nur noch einmal festgeschrieben: Mitsprache bei der Gesetzgebung, Recht auf Bewilligung der Steuer, Mitsprache bei Krieg und Frieden und für alle Bürger Rechtssicherheit und freie Auswanderung.

1634 Schlacht bei Nördlingen im Dreißigjährigen Krieg

Das 16. und 17. Jahrhundert war die Zeit der Religionskonflikte, die im Dreißigjährigen Krieg mündeten. Wie heute wieder nahmen die Menschen die Religion so ernst, dass sie bereit waren, dafür massenhaft zu töten. Natürlich ging es dabei auch immer um die Souveränität der Länder, wie schon beim Auslöser, dem Prager Fenstersturz: Der Habsburger Kaiser Matthias (1557–1619) wollte die Religionsfreiheit beenden, die sein Vorgänger Maximilian II. 1609 den überwiegend protestantischen Ständen Böhmens gewährt hatte, und griff damit in ihre Souveränität ein. Daraufhin riefen die Böhmen zu den Waffen. Das war der Beginn des längsten Kriegs, der je in Deutschland getobt hatte.

■ *Unter Kaiser Matthias (1557–1619) nahm der Dreißigjährige Krieg seinen Anfang.*

Schon 1608 hatte Württemberg die »Protestantische Union«, ein Verteidigungsbündnis mit der Pfalz, später auch mit Frankreich, Holland und England geschlossen (Frankreich war zwar katholisch, aber ein Feind Österreichs). Dennoch blieb Württemberg neutral, als die Pfalz die böhmische Krone annahm, und auch als die »Katholische Liga« 1621 die Pfalz eroberte, tat Württemberg nichts. Erst als der Kaiser 1629 verfügte, dass alle Klöster

■ Gründungsurkunde der Protestantischen Union vom 14. Mai 1608.

■ Die Schlacht bei Nördlingen, Gemälde von Pieter Meulener.

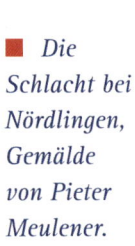

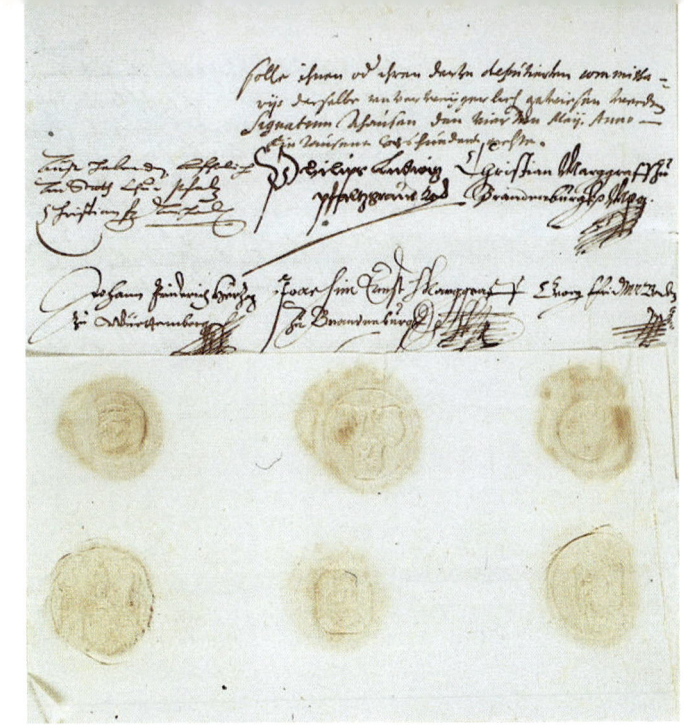

an die Kirche zurückgegeben werden müssen, waren sich Landschaft und Herzog gegen ihn einig. Der Krieg in Württemberg begann.

1633 wurde Eberhard III. Herzog, nur ein Jahr später fand die Schlacht bei Nördlingen statt, in der die Protestanten vernichtend geschlagen wurden. Die kaiserliche Armee besetzte ganz Süddeutschland, nahm im Juli und August Regensburg und Donauwörth ein, Mitte August rückte sie auf Nördlingen zu, das Eingangstor zum Herzogtum. Hier lagerten Teile der protestantischen Schweden, weitere kamen von Günzburg nach Nördlingen. Als die Katholiken Unterstützung aus Italien bekamen, standen 35 000 katholische Soldaten gegen 25 000 protestantische. Um sich aus der Belagerung in Nördlingen zu befreien, griffen die Schweden die kaiserliche Armee in der Nähe von Ederheim an, später die Stellung auf der Albuch-Höhe.

■ *Herzog Eberhard III. ging nach der Niederlage bei Nördlingen ins Exil nach Straßburg.*

Als die Kaiserlichen die Linie der Schweden durchbrechen konnten und einen Generalsturm begannen, konnten die Protestanten nur noch fliehen. Unzählige Soldaten waren tot, tausende gefangengenommen. Nördlingen kapitulierte, das gesamte Herzogtum wurde besetzt, Aalen und Giengen niedergebrannt, viele Orte geplündert und verwüstet. Eberhard III. floh nach Straßburg, Kaiser Ferdinand verschenkte große Gebiete an Verwandte und Freunde – erst mit dem Westfälischen Frieden 1648 bekam Eberhard das Land zurück.

Und jetzt trat Frankreich, das die Vorherrschaft des habsburgischen Österreichs in Europa auf jeden Fall verhindern wollte, in den Krieg ein, an der Seite Schwedens – der grausame Krieg ging weiter.

1704 Bau des Schlosses in Ludwigsburg

Ludwig XIV. hatte vorgemacht, wie man als Souverän lebt: Ab 1661 ließ er sich in Versailles, südlich von Paris, ein riesiges Schloss mit barocker Gartenanlage bauen, von dem aus er regierte. Natürlich wollten es ihm jetzt alle anderen Fürsten nachmachen. Nicht nur die offensichtliche Prachtentfaltung gefiel ihnen, sondern auch, dass das Schloss sogar perspektivisch auf die Person des Fürsten zugeschnitten war.

Nachdem der Markgraf von Baden-Baden um 1700 sein neues Barockschloss in Rastatt bauen ließ, begann 1704 auch Herzog Eberhard Ludwig (1676–1733) zwölf Kilometer nördlich von Stuttgart mit dem Bau einer repräsentativen Anlage und eines dazugehörigen Dorfs.

Wie die meisten Barockschlösser war es dreiflügelig: der Fürstenbau (Corps de Logis) in der Mitte, daneben Pavil-

■ *Schloss Ludwigsburg: Fassadenentwurf des Nordflügels.*

Herzog Eberhard Ludwig (1676–1733), der Erbauer von Schloss Ludwigsburg.

lons, der »Ordensbau« westlich und der »Riesenbau« östlich, die später durch einen Saal und die Schlosskapelle verlängert wurden. Bis 1733 kam ein weiteres Corps de Logis dazu, die anderen Gebäude wurden aufgestockt, erweitert und zu einer Vierflügelanlage um einen schönen Hof herum umgebaut. Als das Schloss fertig war, war es eines der großartigsten Barockschlösser Europas, mit 452 Räumen, zwei Kirchen, einem Theater und einem Ehrenhof. Nördlich davon entstand das Lustschlösschen »Favorite«, mitten in einem prächtigen Wald mit weißen Hirschen. Und in den Schlossgärten wurden natürlich auch, dem damaligen Geschmack entsprechend, künstliche Wasserfälle und Felsengrotten installiert, ein See und englische Landschaftsgärten in Miniformat.

1718 ernannte Herzog Eberhard Ludwig Ludwigsburg zur neuen Residenz Württembergs und wohnte dort mit seiner Mätresse Wilhelmine von Grävenitz (1686–1744).

Seine Frau Johanna Elisabeth von Baden-Durlach blieb in Stuttgart, im Alten Schloss, das für Eberhard Ludwig nur eine düstere und altmodische Burganlage mit Wassergraben war. Wilhelmine war als 20-Jährige an den Hof gekommen, über 20 Jahre lang war sie Eberhard Ludwigs Geliebte. 1707 machte der Herzog sie zur Gräfin von Urach und heiratete sie sogar, obwohl er gar nicht geschieden war. Auf den Druck der Herzogin und des Kaisers wurde die Ehe für ungültig erklärt, von Grävenitz verbannt – aber Eberhard Ludwig folgte ihr und holte sie 1710 wieder an den Hof zurück. Sie ging für ihn eine Scheinehe ein, der siebzigjährige (!) Ehemann wurde abgefunden und musste ins Ausland.

1717 wurde sie ordentliches Mitglied im »Geheimen Cabinett« und war somit auch offiziell an der Regierung beteiligt. Schon vorher hatten sie und durch sie auch ihr Bruder, der sie an den Hof gebracht hatte, enormen Einfluss auf den Herzog. 1731 allerdings, als der einzige männliche Erbe starb, wurde der Herzog gedrängt, sich mit seiner Frau wieder zu versöhnen, um noch einmal einen Thronfolger zu zeugen. Er gab nach und verbannte seine Geliebte 1732 – einen Sohn bekam er trotzdem nicht.

■ *Totenbild von Eberhard Ludwig in der Gruft des Alten Schlosses in Stuttgart.*

Nach Eberhard Ludwigs Tod 1733 erbte sein katholischer Neffe Karl Alexander die Herzogswürde, als dieser vier Jahre später ebenfalls starb, dessen Sohn Karl Eugen (1728–1793). Der machte Stuttgart 1764 wieder

Schloss Ludwigsburg vom Nordgarten aus.

zur Residenz und baute zunächst das Neue Schloss in Stuttgart: Die Landstände, die wohl Stuttgart wieder als Hauptstadt haben wollten, hatten ihm das Geld dafür bewilligt.

Karl Eugen war für seinen absolutistischen Regierungsstil berüchtigt: Er plünderte die Kasse der Landstände, hielt sich nicht an Absprachen mit ihnen oder an Verträge mit dem Kaiser, ließ Kritiker einsperren, wie den berühmten Staatsrechtler Johann Jakob Moser, Vorstand der Landstände, den Tübinger Oberamtmann Johann Ludwig Huber oder Poeten wie Christian Friedrich Daniel Schubart.

Er war ein Geldverschwender großen Stils mit zahllosen Mätressen und, wie es heißt, Hunderten von unehelichen Kindern, die er versorgen musste. Und anscheinend baute er gern Schlösser: Solitude (ab 1763), Hohenheim (ab 1772), das Neue Schloss Stuttgart (ab 1746) und ein paar kleinere: Monrepos (ab 1760), Grafeneck auf der Alb (ab

Herzog Karl Eugen (1728–1793), Schlösserbauer und Geldverschwender.

1760), Einsiedel bei Tübingen (ab 1765). In vielen Städten ließ er Opernhäuser bauen. In Ludwigsburg feierte Karl Eugen rauschende Feste, für die er die besten (und teuersten) Künstler aus ganz Europa, vor allem aus Frankreich und Italien, engagierte. Seine Oper, sein Orchester und sein Ballett waren in ganz Europa berühmt.

Um das alles finanzieren zu können, gab es damals verschiedene Wege: Steuern erhöhen, neue Abgaben erfinden, Monopole verkaufen, beispielsweise für Salz, Leder, Wein, wie es Joseph Süß Oppenheimer gemacht hatte. Oder Land verkaufen, was selten geschah. Oder man verkaufte Untertanen als Soldaten ins Ausland – damals in vielen Ländern Deutschlands beliebt. Seit Ende des Mittelalters war es üblich, dass die Fürsten ihre Soldatenheere »vermieteten«. Noch billiger war es, wenn man sich gar nicht erst ein gro-

■ *Franziska von Hohenheim, Karl Eugens Mätresse und spätere Gemahlin.*

ßes Heer hielt, sondern die Soldaten erst bei Bedarf in den Dienst presste und sie dann ohne Ausbildung verschickte. Das taten auch die württembergischen Herzöge. Um die Landstände zu umgehen, die eigentlich ein Mitspracherecht bei den Finanzen und dem Heer hatten, bestachen oder erpressten die Herzöge die Abgeordneten vielfach.

So gerieten viele einfache Württemberger in die Fänge der »Werber«, die oft mit unlauteren Mitteln oder sogar Gewalt vorgingen. Viele Soldaten, die unter anderem für die Niederländische Ostindien-Kompagnie nach Übersee geschickt wurden, nach Südafrika oder Südostasien, waren weder gegen Tropenkrankheiten noch für die Kämpfe ausgerüstet oder ausgebildet. Sie starben im Gefecht oder an der Malaria, etliche desertierten. Im Durchschnitt kam nur ein Drittel überhaupt wieder zurück.

1738 Joseph Süß Oppenheimer wird hingerichtet

Herzog Karl Alexander (1684–1737) ernannte Joseph Süß Oppenheimer zu einem seiner engsten Berater.

Das Leben am Hof konnte gefährlich sein, auch für reiche, privilegierte Männer, vor allem wenn sie zu viel Macht hatten oder Juden waren. So wie Joseph Süß Oppenheimer. Schon in der Pfalz als Bankier und Geldverleiher reich geworden, machte er am Hof Karl Alexanders (1684–1737) Karriere. Es gelang ihm immer wieder, für den Herzog neue Ämter und Monopole für Salz, Leder oder Wein zu erfinden, neue Abgaben und Steuern, auch für Beamte. Missgunst und eine politische Intrige brachten ihn zu Fall.

Als Joseph Ben Issachar Süßkind Oppenheimer wurde er 1698 in Heidelberg in eine angesehene Kaufmannsfamilie geboren. Er absolvierte eine Ausbildung als Kaufmann und arbeitete für den pfälzischen und Kölner Kurfürsten, bis er 1732 den späteren Herzog Karl Alexander kennenlernte, der ihn zu seinem Hof- und Kriegsfaktor ernannte. 1736 wurde er Geheimer Finanzrat, er gründete die erste Bank Württembergs und zahlreiche Manufakturen, was die Wirtschaft des Landes sehr förderte, und er sanierte erfolgreich die Staatsfinanzen.

Schon 1712 war Karl Alexander katholisch geworden. Als er 1737 plötzlich starb, nachdem er heimlich mit dem Fürstbischof von Würzburg über die Rechte der Katholiken in Württemberg und die Entmachtung der (evangeli-

■ Schmähschrift gegen Joseph Süß Oppenheimer.

schen) Landstände beraten hatte, ergriffen die Fürsten die Gelegenheit, verhafteten Oppenheimer sofort, konfiszierten sein Vermögen und versteigerten seinen Besitz, noch vor der Verurteilung. Hochverrat, Bestechlichkeit, sexueller Umgang mit Christinnen – das waren einige der oft antijüdisch gefärbten Vorwürfe, gegen die er keine Chance bekam. 1738 wurde das Todesurteil gefällt, auf dem Stuttgarter Galgenberg wurde er gehängt.

Der gefesselte Joseph Süß Oppenheimer wird auf dem Schinderkarren zum Galgen gefahren.

Man meinte allerdings den toten Herzog, und es ging um die politische Macht, nicht nur um eine persönliche Rache. Und so wurden auch der Fürstbischof von Würzburg und des Herzogs Witwe, Marie-Auguste von Thurn und Taxis (1706–1756), entmachtet, die Vormundschaft für die Kinder wurde ihr entzogen. Ein einberufener Landtag bestätigte die Zusagen des Herzogs über die Religionsfreiheit und die Militärsteuern, strich aber alle anderen Neuerungen. Das Heer wurde quasi aufgelöst.

Oppenheimers Nachfolger als herzogliche Finanzberater hatten mehr Glück. Madame Kaulla (1739–1809), auch sie aus jüdischem Haus, war eine gebildete Frau und arbeitete sehr erfolgreich im Familiengeschäft mit Juwelen und Pferden. Ab 1770 war sie für den württembergischen Herzog und für die kaiserlichen Habsburger tätig und gründete mit ihrem Bruder zusammen die Württembergische Hofbank, mit der die Geldgeschäfte des Herzogs getätigt wurden, die aber auch Kredite an Bürger vergab.

1742 »Gnomon Novi Testamenti« von Johann Albrecht Bengel erscheint

»Sola gratia«, sagte Martin Luther: »Nur durch Gnade« sei das Heil zu erlangen. Sie ist nicht zu erzwingen, man kann sich nur vorbereiten und sie annehmen. Damit revolutionierte er den christlichen Glauben, denn für die Gnade brauchte man auch nicht mehr den hierar-

■ *Johann Albrecht Bengel (1687–1752), schwäbischer Theologe und Hauptvertreter des Pietismus.*

chischen katholischen Rahmen. Der Pietismus reformierte den Protestantismus 150 Jahre später noch einmal: Ihm war das Individuum und sein Gefühl wichtig, nicht die Lehre.

Das Wort Pietismus stammt vom französischen »pieté« oder dem lateinischen »pietas« (Frömmigkeit). Frömmigkeit war das, was den Pietisten in der Kirche fehlte, Frömmigkeit und die richtige christliche Lebensführung. Dazu gehörte auch die Gründung von Armenanstalten, Waisenhäusern und Internaten. Sie waren stets kritisch gegenüber allen Lehren und Lebensweisen, die sie nicht aus sich selbst und durch gemeinsames Bibelstudium und Gebet entwickelten. Radikale Pietisten waren sogar der Meinung, dass nichts gilt, was nicht in der Bibel steht. Sie lehnten konsequent auch Vergnügungen wie Tanz, Theater, Spiel, Tabak, Wein und Musik ab.

Einer der wichtigsten Pietisten war Johann Albrecht Bengel. Geboren 1687 in Winnenden als Sohn eines Pfarrers und über seine Frau in vierter Generation mit Johannes Brenz verwandt, studierte er in Tübingen Theologie, wo er in Kontakt mit dem Pietismus kam. Als Leiter der Klosterschule in Denkendorf prägte er 28 Jahre lang bis 1741 die

■ *1742 erscheint das »Gnomon«, Bengels Hauptwerk.*

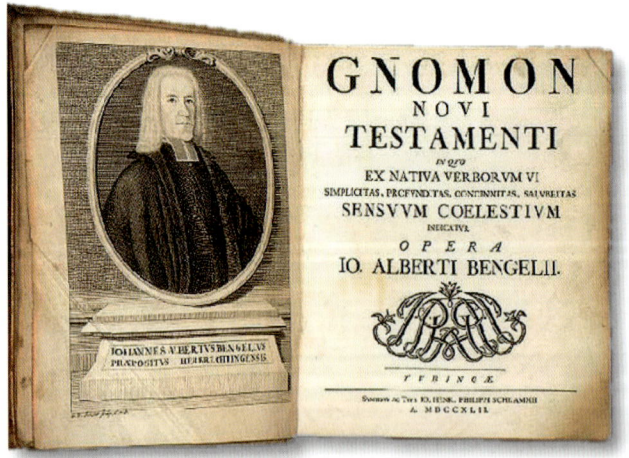

Bengel leitete die Klosterschule in Denkendorf.

Ausbildung württembergischer Theologen. Nach zwanzig Jahren Quellenstudien über den Text des griechischen Testaments gab er 1734 eine eigene Übersetzung mit Varianten heraus, eine unglaubliche wissenschaftliche Leistung. 1742 erschien »Gnomon Novi Testamenti«, ein tiefschürfender, frommer und persönlicher Kommentarband zu den Versen des Neuen Testaments, ein Bestseller bis heute. Ab 1747 war Bengel außerdem Mitglied der Landschaft, dem Landtag, wo er sich gegen den Absolutismus von Herzog Karl Eugen wandte. 1752 starb er in Stuttgart.

In vielen Ländern bildeten sich pietistische Gemeinden, 1816/17 wanderten viele Pietisten in den Kaukasus aus, andere gingen nach Amerika, wo sie unter sich leben und ihre eigenen Regeln für das Zusammenleben festlegen konnten. Manche Gemeinden waren sehr streng und verboten sogar Privateigentum oder Sex – einige starben deswegen aus.

Noch heute ist der Pietismus in Württemberg einflussreich, und immer noch berufen sich die Pietisten direkt auf die Bibel als einzige Quelle. Sie sind der Meinung, dass alle Gläubigen eine Art Priester seien, auch Laien werden deshalb als Prediger oder Bibelausleger geschätzt.

1762 Christoph Martin Wieland übersetzt Shakespeare in Biberach an der Riß

■ Wielands Geburtshaus in Oberholzheim.

Besonders nett hat er nicht über seine Heimatstadt geschrieben: »Biberach an der unberühmt schleichenden Riß« stand einmal in einem Briefkopf. Und auch die Abderiten, die dummen Schildbürger, die er in seinem gleichnamigen Roman dem Gespött seiner Zeit preisgab, schienen den Biberachern nachgebildet zu sein – jedenfalls verstanden es viele Zeitgenossen so.

Christoph Martin Wieland (1733–1813) war einer der gebildetsten und berühmtesten Männer seiner Zeit: ein älterer Zeitgenosse von Goethe und Schiller, Erzieher des späteren Herzogs in Weimar. Er schrieb das erste deutsche Drama in Blankversen, den ersten deutschen Briefroman, gab die wohl wichtigste deutsche Zeitschrift der Aufklärung heraus, »Der teutsche Merkur« (von 1773 bis 1789) und übersetzte Horaz und Lukian.

Und Shakespeare. Im September 1761 wurde im oberschwäbischen Biberach zum ersten Mal ein Drama des Engländers auf Deutsch aufgeführt: »Der Sturm«, Übersetzer und Regisseur Christoph Martin Wieland. Damit veränderte er die deutsche Literatur und das deutsche Theater nachhaltig. Shakespeare hatte in Blankversen geschrieben, seine Stücke waren voller Dramatik, aber auch Komik, seine Sprache war gebildet und derb, seine Anspielungen auf Politik und Geistesgeschichte ohne jedes Vorbild. Sturm und Drang, Klassik, Romantik – die deutsche Literaturgeschichte ist nicht denkbar ohne Wielands Shakespeare.

Zur Schule ging Wieland in das pietistische Internat Kloster Berge in der Nähe von Magdeburg. Jura sollte er studieren, Medizin oder Theologie, wie sein Vater und sein Großvater, beides Pfarrer in Wielands Geburtsort in Oberholzheim. Schnell merkte er aber, dass diese Berufe nichts für ihn waren, und folgte lieber 1752 einer Einladung des von ihm verehrten Dichters Johann Jakob Bodmer nach Zürich. Er blieb acht Jahre in der Schweiz, las viel und schrieb eigene Texte. 1760 kehrte er zurück ins provinzielle Biberach, wo er täglich den »Canzley-Karren« ziehen musste – er war Angestellter der Stadtverwaltung geworden. Von Schlägereien und Liebesaffären wurde berichtet und dass er »Marggräfler und Nekarwein« nicht mochte.

Als man in Biberach erfuhr, dass Wielands Trauerspiel »Lady Johanna Gray« bei der Erstaufführung in Winter-

■ *Christoph Martin Wieland im Kreis seiner Familie.*

Oberon ist ein Versepos von Wieland, das 1780 zum ersten Mal erschien.

thur sehr erfolgreich gewesen war, machte ihn der Rat der Stadt 1761 zum Theaterdirektor. Das Theater befand sich in der »Schlachtmetzig«, dem Schlachthaus: Im Erdgeschoss wurde geschlachtet, im Obergeschoss, das man über eine Außentreppe erreichte, gespielt. Vor allem erbauliche Stücke wie 1744 »Die keusche und großmütige Selbstmörderin Lucretia«, durchweg mit Laienschauspielern.

Seine Übersetzung des »Sturms« und seine Inszenierung wurden deutschlandweit wahrgenommen. Und sie war auch finanziell ein Erfolg, mit über 60 Gulden nahm man fast doppelt so viel ein wie bei anderen Stücken. Leider ist kein Regiebuch erhalten, Wieland hat aber erzählt, dass es »ungefähr in der Manier, wie Shakespeare seinen Pyramus und Thisbe aufführen lässt«, gespielt wurde, also eher grob und witzig, wie die Bauernrüpel im »Sommernachtstraum«. Da der Republikaner Wieland schon damals Adlige verabscheute, besetzte er den König von Neapel mit einem »recht abscheulichen, klapperbeinigen, ungestengelten, ungelenken Lümmel«, einem Schneider, der »das Talent hatte, sehr hörbar und pathetisch zu gähnen« und so »das Zwergfell der biberacher Auditoren aufs angenehmste« erschütterte.

Dass man Shakespeare sinnvoll und literarisch bedeutend übersetzen konnte, hatte man vorher nicht für möglich gehalten – Wieland bewies es. Die Großen seiner Zeit wie Lessing lobten ihn, Goethe schrieb später: »Wieland übersetzte mit Freyheit, erhaschte den Sinn seines Autors, ließ bey Seite, was ihm nicht übertragbar schien, und so gab er seiner Nation einen allgemeinen Begriff von den herrlichen Werken einer andern, seinem Zeitalter die Einsicht in die hohe Bildung vergangener Jahrhunderte.« Wieland erfand dabei Wörter wie »Alltagsarbeit«, »Anziehungskraft«,

■ *Christoph Martin Wieland gemalt von Ferdinand Jagemann (1805).*

»Milchmädchenrechnung«, »Steckenpferd« oder Sprichwörter wie »Morgenluft wittern«. Für die Übersetzungen, die vier Jahre dauerten, bekam er 960 Gulden, etwa das Jahresgehalt eines Biberacher Kanzleiverwalters.

1769 berief man Wieland, der jetzt auch schon seine ersten Romane geschrieben hatte, an die Universität Erfurt, 1772 bat ihn Herzogin Anna Amalia von Sachsen-Weimar-Eisenach, die Erziehung ihres Sohns zu übernehmen. Mit Lust übernahm Wieland die Aufgabe, den späteren Herzog zu einem aufgeklärten Mann zu formen. Weimar wurde vor allem durch Wieland zum »Musenhof Europas«. Als erster Deutscher gelang es ihm, mit seinen Romanen, die eine sinnliche und heitere Lebensphilosophie feierten und in denen oft selbstbewusste Frauen eine Hauptrolle spielten, als freier Autor zu leben. Er war eine europäische Berühmtheit geworden. Mit seiner Zeitschrift »Der teutsche Merkur« (später »Der neue teutsche Merkur«, 1773–1819) mischte er sich auch in die Politik ein, mit luziden Analysen und Kommentaren, immer im Sinn der Aufklärung.

1777 Schubart wird auf dem Hohenasperg eingekerkert

■ Christian Friedrich Daniel Schubart (1739–1791), Dichter, Organist, Komponist, Journalist.

Die Aufklärung hatte es nicht leicht, sich durchzusetzen. Mit aller Macht wehrten sich die Fürsten, ihren Untertanen Rechte zuzugestehen, die renitentesten oder kritischsten wurden manchmal kurzerhand eingesperrt. Publizisten hatten es ganz besonders schwer, zum Beispiel Wilhelm Ludwig Wekhrlin (1739–1792) oder, wohl der berühmteste, Christian Friedrich Daniel Schubart.

Schubart wurde 1739 in Obersontheim geboren, war Hauslehrer in Heidenheim, danach Lehrer in Geislingen, ab 1769 Organist am Hof in Ludwigsburg, bis er wegen seiner Affären und Konflikte mit seinem Dekan 1773 vom Herzog entlassen wurde. Schubart ging nach Augsburg, wo er die »Teutsche Chronik« herausbrachte, eine populäre Zeitschrift mit politischen, literarischen und pädagogischen Beiträgen. Schnell wurde sie zum Sprachrohr der bürgerlichen Opposition im ganzen Reich, mit bis zu 20 000 Lesern. Er schrieb gegen fürstliche Selbstherrlichkeit und die Kirchen, für ein einheitliches deutsches Reich, Unterstützung der Armen und die Freiheit der amerikanischen Kolonien. Als das Blatt 1775 in Augsburg verboten wurde, weil er gegen Jesuiten und Pfarrer wetterte, verlegte er es in Ulm. Einmal berichtete er satirisch über den durchreisenden württembergischen Herzog, der habe »einen hiesigen Patriziersohn in die Sklavenplantage (die Hohe Carlsschule) aufgenommen«, beschimpfte dessen Mätresse Franziska von Hohenheim als »Donna Schmergalina«, und über beide schrieb er: »Aller Fürstenglanz ist in meinen Augen nicht mehr als das Glimmen einer Lichtputze – es glimmt und stinkt.«

Der Herzog war nicht amüsiert. Er ließ Schubart nach Blaubeuren locken, in der Reichsstadt Ulm konnte er ihn nicht belangen, und auf dem Hohenasperg einsperren. Zehn Jahre saß er dort, ohne Anklage oder Prozess, die ersten 377 Tage in totaler Isolation: ein Exempel für alle aufmüpfigen Untertanen. Aber noch aus dem Gefängnis schrieb Schubart kritische Gedichte über die Fürsten oder den Verkauf von Württembergern als Söldner nach Amerika.

Schubart wurde zur Legende: Schiller besuchte ihn, viele Prominente setzten sich für seine Entlassung ein, sogar der Markgraf von Baden. 1787 ließ der Herzog ihn frei, Schubart wurde sogar Stuttgarter Hofpoet, Musik- und

■ *Gedenktafel für Schubart in Augsburg.*

■ *Auf dem Hohenasperg war Schubart zehn Jahre eingesperrt.*

■ *Schillers Besuch bei Schubart auf dem Hohenasperg.*

Theaterdirektor. Wieder gründete er eine kritische Zeitung, in der er wieder die Fürsten angriff, und feierte die Französische Revolution. Als Theaterdirektor ließ er in Stuttgart Mozarts »Hochzeit des Figaro« aufführen, eine deutlich antifeudale Satire. 1791 starb er, von der langen Haft geschwächt und depressiv, in Stuttgart.

1789 *Friedrich List wird in Reutlingen geboren*

Ein schillerndes Leben: 1817 mit 27 Jahren Professor für Staatsverwaltungswissenschaften, mit 31 Landtagsabgeordneter für Reutlingen, mit 33 wegen liberaler Ideen (freier Handel, freie Wahlen) in Festungshaft, mit 36 nach Amerika entlassen, mit 44 amerikanischer Konsul im Großherzogtum Baden. Berühmt aber wurde der württembergische Wirtschaftstheoretiker Friedrich List (1789–1846) für zwei Dinge: für die Mitherausgabe des »Staatslexikon – Encyklopaedie der Staatswissenschaften« (ab 1834) und für sein unermüdliches Eintreten für die Eisenbahn: In Amerika hatte er 1826 ein Kohlevorkommen entdeckt, eine Bahnlinie zum Transport gebaut und gesehen, wie schnell und billig das war. Zwei Jahre später berichtete er in Broschüren über das Eisenbahnwesen und machte Pläne für ein Bahnsystem in Deutschland. In Sachsen konnte er 1833 die Regierung überzeugen.

In Württemberg dauerte es ein wenig länger, auch wenn König Wilhelm I. erkannte, wie wichtig eine gute Infrastruktur für die Wirtschaft war, und den Ausbau des Neckarkanals und des Straßenbaunetzes förderte. 1843 wurde die »Königlich Württembergische Staats-Eisenbahn« gegründet, 1845 die erste Strecke zwischen Cannstatt und Untertürkheim eröffnet, die dann später über Stuttgart nach Ludwigsburg ging. Zwei Jahre später wurden die

■ *Friedrich List (1789–1846) setzte sich unermüdlich für den Eisenbahnbau ein.*

■ Lists
Entwurf für
ein deutsches
Eisenbahn-
netz.

Betriebe des mittleren Neckartals um Cannstatt mit dem Industriezentrum Heilbronn verbunden. Schwierig waren beim Bau der Kessel von Stuttgart, der Albtrauf oder die Geislinger Steige. Trotz immenser Kosten begann man, Nebenstrecken anzulegen, ein größeres Netz über das Land zu werfen: nach Reutlingen 1859, nach Rottenburg, Waiblingen und Aalen 1861, nach Hall 1862, danach Bahnen

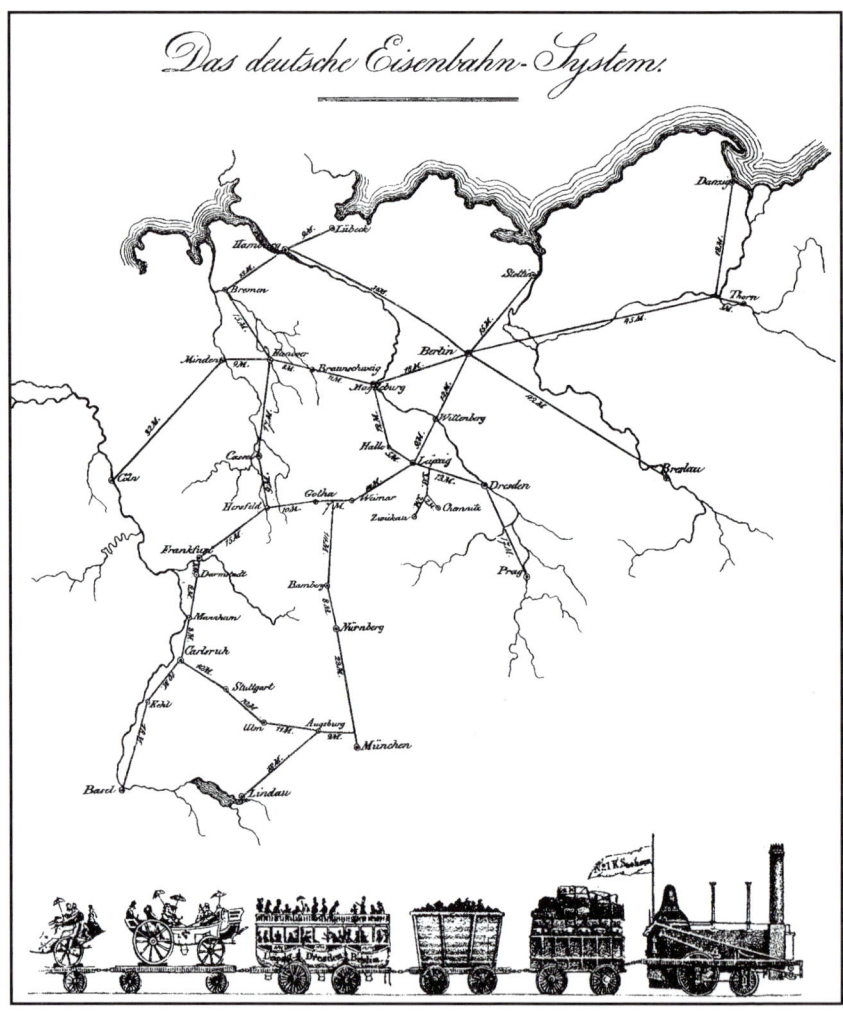

im Schwarzwald, nach Calw und Horb, nach Waldshut und ins Allgäu.

Und natürlich sollten schnell auch die Eisenbahnen im Land selbst gebaut werden. Dafür sorgte ab 1847 die Maschinenfabrik Esslingen, die vom Karlsruher Ingenieur Emil Keßler geleitet wurde. Er baute auch eine Zahnradlok, die die schwierigen Steigungen überwand. Und auch Dampfschiffe baute Keßler.

Denn neben der Eisenbahn förderte Wilhelm I. auch den Verkehr auf den Flüssen und dem Bodensee. Der berühmte Stuttgarter Verleger Johann Friedrich von Cotta machte Keßler 1824 mit dem amerikanischen Konsul Edward Church bekannt, der für den Genfersee ein Dampfschiff gebaut hatte. Noch im selben Jahr verkehrte das erste Dampfschiff, die »Wilhelm«, regelmäßig zwischen Friedrichshafen und Rorschach in der Schweiz. 1841 fuhren dann auch auf dem Neckar Dampfschiffe.

■ *Die Eisenbahnbrücke über den Neckar bei Cannstatt.*

1795 »Die Horen« im Verlag von Johann Friedrich Cotta erscheinen in Tübingen

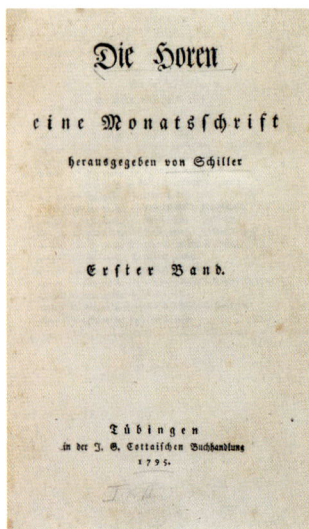

■ Der erste Band der »Horen«.

»Zu einer Zeit, wo das nahe Geräusch des Kriegs das Vaterland ängstigt, wo der Kampf politischer Meinungen und Interessen diesen Krieg beinah in jedem Zirkel erneuert und nur allzuoft Musen und Grazien daraus verscheucht (...), möchte es ebenso gewagt als verdienstlich sein, den so sehr zerstreuten Leser zu einer Unterhaltung von ganz entgegengesetzter Art einzuladen.« So leitete Friedrich Schiller eine neue Zeitschrift ein: 1795 erschien sie zum ersten Mal.

Unterhaltung? Nein, Schiller blieb der Aufklärer, der er immer war. Allerdings wollte er der Politik auf seine Art antworten, mit den Mitteln der Literatur und der Philosophie, und so auf sein Publikum einwirken. Aus dem aktuellen Geschehen heraustreten, um es desto schärfer betrachten zu können, um es »wieder in Freiheit zu versetzen«.

Schiller (1759–1805) lebte damals in Jena. Mit den »Horen« hoffte er nicht nur, etwas Geld zu verdienen, er wollte auch mit seinem Freund Goethe zusammen Deutschland zu einer Kulturnation machen. Es gelang ihm, die unterschiedlichsten Dichter und Denker zur Mitarbeit zu bewegen: Herder, Fichte, Schlegel, die beiden Humboldts, Voß und Hölderlin. Das etwa 100 bis 150 Seiten dicke Heft kam monatlich heraus und wurde von der intellektuellen Welt Deutschlands begeistert aufgenommen.

Geboten hat ihm diese Chance Johann Friedrich Cotta (1764–1832). In Stuttgart geboren, war er nicht nur Verleger, sondern auch Politiker und Förderer der Industrie, vor allem der Bodensee-Dampfschifffahrt. Er war 1814 Abgeordneter beim Wiener Kongress, ab 1815 Mitglied der Ständeversammlungen und ab 1819 der Zweiten Landtagskammer. Mit 23 Jahren übernahm er den verschuldeten Familienverlag in Tübingen und machte ihn zum wichtigsten Verlag seiner Zeit: Zu seinen Autoren gehörten neben Goethe und Schiller auch Hölderlin, Hebel, Uhland, Schelling, Fichte, Pestalozzi, Kleist, Alexander von

■ *Friedrich Schiller gelang es, viele Dichter und Denker zur Mitarbeit an den »Horen« zu bewegen.*

- *Johann Friedrich Cotta (1764–1832), Verleger, Industriepionier und Politiker.*

Humboldt, Jean Paul, Hegel und Herder – die Crème de la Crème. 1810 zog er mit dem Verlag nach Stuttgart. Finanziell erfolgreich waren die »Horen« übrigens nicht, nach zwei Jahren mussten sie eingestellt werden.

Cottas zweite Idee war dauerhafter: eine politische Tageszeitung, mit der er die Bürger Deutschlands aufklären und informieren wollte. Auch die sollte Schiller leiten, aber der winkte ab. 1798 erschien sie als »Neueste Weltkunde« in Tübingen, wenig später benannte Cotta sie in »Allgemeine Zeitung« um. Für das 19. Jahrhundert war sie eine der wichtigsten Tageszeitungen überhaupt, neben anderen schrieben Heinrich Heine, Friedrich Engels, Ludwig Börne, Karl Gutzkow und Friedrich List für sie.

- *Cotta war auch Schifffahrts-Unternehmer auf dem Bodensee.*

1806 Herzog Friedrich wird König

Während in den 1790er-Jahren in Baden Jakobinerklubs nach dem französischen Revolutionsmodell entstanden, in Mainz 1792 sogar die Republik ausgerufen wurde, blieb es in Württemberg ruhig. Zwar begrüßten viele Intellektuelle und Dichter die Revolution – Schiller, Hölderlin, Hegel –, aber die Mehrheit des Volks war nicht interessiert an einem Umsturz. Erst 1796 kam der Krieg nach Württemberg: Die französischen Truppen stießen in ihrem Kampf gegen Österreich bis nach Franken und Bayern vor, Herzog Friedrich (1754 bis 1816) schloss schnell einen Waffenstillstand mit ihnen. Dann gewannen die Österreicher und verfolgten die Franzosen bis zum Rhein, wieder durch Württemberg.

■ *Friedrich I. (1754–1816), König von Württemberg, im Krönungsornat.*

1801 kam es nach den überwältigenden Siegen von Napoleon Bonaparte zum Frieden von Lunéville, bei dem die linksrheinischen Fürsten ihre Gebiete verloren. Sie sollten irgendwo in Deutschland dafür entschädigt werden, was 1803 im Reichsdeputationshauptschluss (»Hauptschluss« heißt Abschlussbericht) präzisiert wurde: Die Fürsten bekamen kirchlichen Besitz, Reichsstädte wurden den nächstge-

■ Friedrich verheiratete seine Tochter Katharina mit Napoleons Bruder Jérôme Bonaparte, dem König von Westphalen.

legenen Fürstentümern zugeschlagen. Württemberg verlor dabei Mömpelgard und Reichenweier (Riquewihr) und bekam dafür die Propstei Ellwangen, einige Abteien und die Reichsstädte wie Reutlingen, Esslingen, Rottweil, Aalen, Hall, Gmünd und Heilbronn, teilweise mit großen Gebieten.

1806 geschahen dann mehrere entscheidende Dinge: Mit Bayern, Baden und anderen kleineren Fürstentümern gründete Württemberg den Rheinbund, unter dem Protektorat Napoleons. Der Bund trat aus dem »Heiligen Römischen Reich Deutscher Nation« aus, das damit zusammenbrach, der deutsche Kaiser dankte ab. Und Herzog Friedrich II. von Württemberg (1754–1816), der seit 1797 regierte, wurde von Napoleon zum König gemacht: Friedrich I. Und er bekam dazu noch Gebiete Vorderösterreichs und die Fürstentümer Hohenlohe, Fürstenberg und Waldburg, außerdem 1810 bayerische Gebiete, wie Ulm und Wangen. Ein riesiger Zuwachs für das Land.

Dafür zahlte Württemberg aber auch einen hohen Preis: Als Bundesgenosse von Napoleon musste der frischgebackene König Truppen stellen. Sie kämpften 1806/07 ge-

gen Preußen, 1809 gegen Österreich und 1812 in Russland, wo von etwa 12 000 Soldaten nur etwa 500 zurückkehrten. Und 1813 gegen die Koalition. Als Napoleon in dieser »Völkerschlacht« bei Leipzig den preußischen, russischen und österreichischen Truppen unterlag, nahm Friedrich direkt danach heimlich Kontakt mit den Siegern auf: Er handelte mit ihnen aus, dass er seine Königswürde und sein Land in der jetzigen Größe behalten dürfe, wenn er die Seiten wechsele.

Der Eingriff Napoleons in die europäische Geschichte hatte mehrere Konsequenzen. Er beendete in manchen Teilen die deutsche Kleinstaaterei, förderte den Nationalgeist und den Wunsch nach politischer Einigkeit, ohne den die weitere Entwicklung undenkbar gewesen wäre. Er unterstützte die Wirtschaft, indem er die vielen Binnenzölle und unterschiedlichen Währungen aufhob.

Und er schuf mit dem »Code civil« (auch »Code Napoléon« genannt) erstmals ein verbindliches Gesetzbuch für

■ *Links: König Friedrich I. mit Kaiser Napoleon.*

■ *Rechts: Der württembergische Offizier Christian von Martens bricht 1812 von Heilbronn aus zum Russlandfeldzug auf.*

alle Bürger, das 1804 in Frankreich und später auch in den eroberten Gebieten die vielen verschiedenen Rechtssysteme ablöste: Gleichheit vor dem Gesetz, Schutz von Individuum und Eigentum, Trennung von Kirche und Staat, Zunftfreiheit und freie Wahl des Wohnorts. Benachteiligt waren natürlich immer noch die Frauen: in der Wirtschaft, im Familien- und Scheidungsrecht.

In Westfalen, von Napoleons Bruder regiert, wurde der Code civil sofort eingeführt, in Baden mit Zusätzen und Veränderungen – der einzige Rheinbundstaat, der sich weigerte, war Württemberg. Wahrscheinlich fürchtete Friedrich I., dass der Rheinbund nach und nach ein eigener Staat werden würde, und hatte Angst um seine Souveränität.

Denn dass ihm der Code civil zu modern gewesen wäre, kann man kaum annehmen: Friedrich modernisierte sein Land selbst, er benutzte den königlichen Neuanfang, um

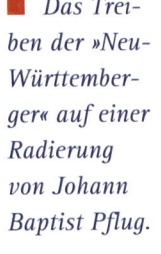

■ *Das Treiben der »Neu-Württemberger« auf einer Radierung von Johann Baptist Pflug.*

■ *Hunger, Kälte, Verderben: Nur wenige Württemberger kehrten vom Russlandfeldzug zurück.*

sein Land neu zu organisieren. Er schuf einen zentralen Polizeiapparat, führte die allgemeine Wehrpflicht ein und regelte 1806 die gesamte Verwaltung neu. Das Land wurde in 64 Oberämter aufgeteilt, ohne Rücksicht auf die bisherigen Grenzen, die Oberämter wurden zu Kreisen zusammengefasst, über denen die Ministerien standen, die den Geheimen Rat ersetzten. Das war wohl seine modernste Maßnahme: die Schaffung von »Departements« nach Sachgebieten, »der auswärtigen Angelegenheiten«, »des Innern«, »der Justiz«, »des Krieges«, »der Finanzen« und des »geistlichen Departements« – diese Aufteilung nach französischem Vorbild war in Deutschland neu und besteht bis heute.

Mit all diesen Maßnahmen und der Dekretierung der Religionsfreiheit wollte Friedrich versuchen, ein württembergisches Volk zu schaffen und die »Neu-Württemberger«, die zum großen Teil katholisch waren, zu integrieren. Der nächste Schritt wäre eine neue Verfassung gewesen, aber Friedrich gelang es nicht, seine Ideen durchzusetzen. Erst sein Nachfolger, Wilhelm I. (1781–1864), konnte sie mit den konservativen Kräften aushandeln.

1807 Hegels »Phänomenologie des Geistes« erscheint

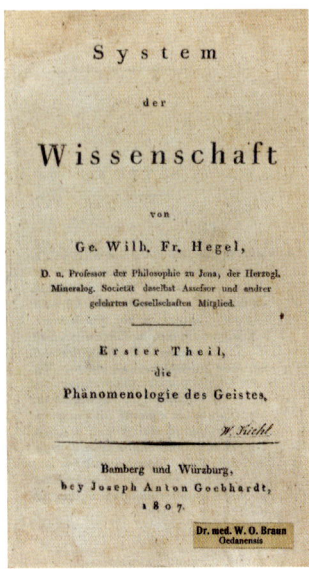

Die Erstausgabe von Hegels »Phänomenologie des Geistes«.

»Der Schelling und der Hegel, / der Schiller und der Hauff, / das ist bei uns die Regel, / das fällt hier gar nicht auf« dichtete der Kunsthistoriker Eduard Paulus. Statt Schelling und Schiller wurden auch schon Uhland, Mörike, Kerner oder Hölderlin eingefügt, viele weitere Namen wären denkbar: Die Württemberger waren stolz auf ihre Dichter. Und diese Häufung ist schon auffällig.

Der wohl wichtigste deutsche Philosoph überhaupt war Georg Wilhelm Friedrich Hegel. Nicht nur in der Philosophiegeschichte, sondern auch auf die Politik hatte er, über seinen Schüler Karl Marx, einen enormen Einfluss. Geboren 1770 in Stuttgart, studierte er ab 1788 im Tübinger Stift, wo er mit Hölderlin und Schelling in einem Zimmer lebte und revolutionäre Ideen kennenlernte. Nach zwei Jahren wurde er Magister der Philosophie, drei Jahre später bekam er das theologische Lizenziat. Danach ging er als Hauslehrer nach Bern und Frankfurt und promovierte in Jena.

Als er dort 1806 Napoleon sah, war er begeistert: Er sah in ihm die Verkörperung der Weltseele oder des Weltgeists. Dieser Begriff wurde für ihn zum Zentralbegriff seiner spekulativen Philosophie. Durch die »Weltseele« zeigt sich der »Endzweck« der Weltgeschichte, die »Vernunft in der Geschichte«. 1807 erschien seine »Phänomenologie des Geistes« in Bamberg. Danach ging er nach Nürnberg

Georg Friedrich Hegel (1770–1831) in seinem Studienzimmer.

und wurde 1816 Professor in Heidelberg, 1818 in Berlin, wo er 1831 starb.

Die »Phänomenologie des Geistes« ist Hegels erstes reifes, aber auch sein schwierigstes Werk. Er betrachtete die Welt durch die von ihm erweiterte Kantsche Dialektik: Alles Sein und

Hegel begegnete 1806 Napoleon in Jena.

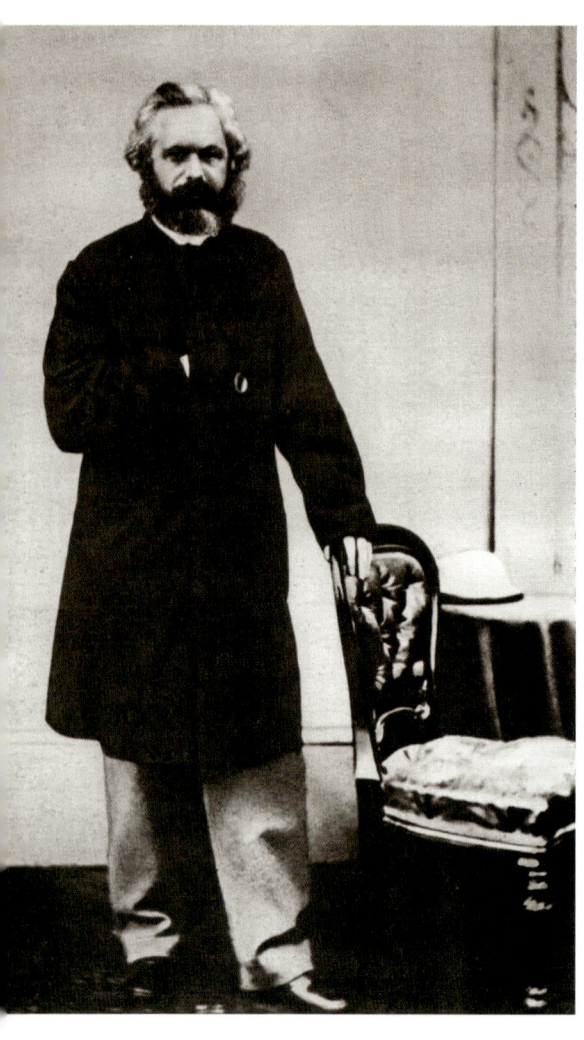

Einer der bekanntesten Linkshegelianer: Karl Marx (1813–1883).

Denken ist nur möglich durch seinen Gegensatz – ohne Hell gibt es kein Dunkel, ohne Subjekt kein Objekt. Hegel hebt nun diese Gegensätze auf einer nächsten Stufe auf, aus These und Antithese wird Synthese, die automatisch wieder zur These wird. Damit analysiert Hegel die neue Epoche, das Bewusstsein seiner Zeit, sieht die Prozesshaftigkeit des Lebens und der Geschichte und will die Wahrheit als konkrete Totalität begreifen. Das »allein Wirkliche« ist Geist, ein Subjekt, das sich selbst durchschaut und vollendet. Das natürliche Bewusstsein soll zur Einsicht geführt werden, über mehrere Stufen: über Wahrnehmung und Verstand bis zum Selbstbewusstsein.

Hegels »Phänomenologie« ist grundlegend für die Philosophie. Noch vor Wilhelm Dilthey, Herbert Marcuse oder Theodor W. Adorno ist sein berühmtester Schüler Karl Marx. Er übernahm die Begriffe vom Übergang von Quantität in Qualität und vom Widerspruch und benutzte vor allem Hegels Methode, »um den rationellen Kern in der mystischen Hülle zu entdecken«.

1818 Königin Katharina gründet das Katharinenstift

Das Jahr 1816 war ein schlimmes Jahr: Ein Jahr vorher war in Indonesien der Vulkan Tambora ausgebrochen, etwa 10 000 Menschen starben sofort. Im Umkreis von 600 Kilometern war es zwei Tage lang Nacht. Asche und Staub wurden in die Atmosphäre geschleudert und veränderten das Klima. Besonders schlimm war es in Württemberg, wo man 1816 als »Jahr ohne Sommer« bezeichnete: Kälte, Regen, Hagel. Das Getreide verschimmelte am Halm, die Kartoffeln verfaulten vor der Ernte, das Obst wurde nicht reif. Der Winter danach war grausam. Über 1400 Familien flüchteten in den Osten.

■ *Königin Katharina (1788–1819) stiftete Kinderheime, Schulen und Krankenhäuser.*

In diesem schwierigen Jahr wurde Wilhelm I. (1781–1864) König von Württemberg. Um die Not der Bevölkerung zu lindern, setzte er Höchstpreise für Lebensmittel fest, damit auch die Armen sie noch kaufen konnten, verbot ihre Ausfuhr und kaufte Getreide aus dem Ausland. Diese Erfahrungen waren für Wilhelm und seine Frau Katharina (1788–1819) so eindringlich, dass sie sich ihr Leben lang sozial engagierten. 1818 gründete Wilhelm in Hohenheim die »Landwirtschaftliche Unterrichts-, Versuchs- und Musteranstalt« (später Universität Hohenheim). Außerdem ein jährlich stattfinden-

König Wilhelm I. gründete eine »Landwirtschaftliche Anstalt«, aus der die Universität Hohenheim hervorging.

des »landwirtschaftliches Fest« in Cannstatt als Leistungsschau der Bauern, mit Preisen für die besten Erzeugnisse – Keimzelle des Cannstatter Volksfests. Und er ließ im Ausland Rinder, Schafe und Araberhengste kaufen, um sie zu züchten, so auch in Marbach.

Seine Ehefrau, Katharina Pawlowna Romanowa, Großfürstin von Russland, stiftete Kinderheime und gründete die »Württembergische Spar-Casse«. Mit einer großen Spende ermöglichte sie den Bau eines neuen Krankenhauses in Stuttgart, das nach ihr benannt wurde. In vielen Gemeinden stieß sie die Gründung

Viehausstellung auf dem Cannstatter Volksfest im Jahr 1844.

von Wohltätigkeitsvereinen an, nicht nur, um die Armut zu bekämpfen, sondern auch um das Volk aufzuklären und Hilfe zur Selbsthilfe zu leisten. Die von ihr geschaffene »Zentralleitung des Wohltätigkeitsvereins« koordinierte die Arbeit der Vereine.

Das Königin-Katharina-Stift gründete sie 1818 als Eliteschule für höhere Töchter. Entgegen der Pädagogik der Zeit wünschte sie: »Die Zöglinge und Schülerinnen sollten sich glücklich fühlen, ein freundlicher Ton sollte herrschen.« Unterricht wurde von Anfang an Französisch, Standard für gebildete Frauen der Zeit, und antike und deutsche Literatur, später gab es auch Englisch. Zu den Lehrern zählten Gustav Schwab und Eduard Mörike, dessen Stunden »Fräuleinslektionen« genannt wurden. 1819 starb die wohltätige Königin: Sie überraschte im Januar ihren Mann mit seiner Geliebten auf einem Privatgestüt, fuhr dabei dünn bekleidet im offenen Wagen und starb an der Grippe, die sie sich dabei zuzog.

■ *Im Katharinenstift unterrichteten auch Eduard Mörike und Gustav Schwab.*

1819 Württemberg bekommt eine neue Verfassung

■ *Ludwig Uhland (1787–1862) vertrat die konservativen Kreise.*

Napoleon hatte Mitteleuropa umgestaltet und viele Länder neu gefasst, Württemberg wurden unter anderem einige katholische Gebiete zugeschlagen. 1805 setzte der erste König des Landes, Friedrich I. (1754–1816), die alte, ständisch geprägte Verfassung außer Kraft, entließ seinen Geheimen Rat (die Minister) und garantierte 1806 die freie Religionsausübung: ein erster Schritt zur Integration der »Neu-Württemberger«. 1815 verlangte der Deutsche Bund, dem Württemberg im gleichen Jahr beigetreten war, eine neue Verfassung. Um einer Verfassung zuvorzukommen, die der Deutsche Bund ihm vielleicht aufzwingen würde, erarbeitete der König eine eigenständige.

Aber die Stände ließen sich nicht ausbooten. Sie kämpften um ihre Rechte und verhandelten hart. Die Verfassung des Königs war ihnen nämlich zu modern: eine konstitutionelle Monarchie mit nur einer Kammer, die aus fünfzig Vertretern des Adels, vier der Universität, 64 der Oberamtsbezirke und sieben der »Guten Städte« bestehen sollte. »Gut« bezieht sich auf die Größe der Stadt: Gemeint waren Stuttgart, Ludwigsburg, Tübingen, Ellwangen, Ulm, Heilbronn und Reutlingen. Zwar garantierte die Verfassung die Gleichheit vor dem Gesetz, Religionsfreiheit, Schutz gegen willkürliche Verhaftung und Strafe, Sicherheit des Eigentums und der freien Auswanderung und legte fest, dass man je nach Vermögen Steuern bezahlen musste. Aber die Stände sollten kein Vetorecht und keine Sonderrechte mehr haben. Deswegen lehnten sie die Verfassung sofort am ersten Tag der Beratungen ab: Sie wollten ihre Privilegien, die sie seit dem Tübinger Vertrag von 1514 hatten, nicht aufgeben.

Zwar zeigte sich der König kompromissbereit, aber die Landstände blockierten die Verhandlungen. In die Diskussionen mischten sich übrigens auch zwei schwäbische Dichter ein: der konservative Ludwig Uhland (1787–1862) und der liberale Justinus Kerner (1786–1862). Ludwig Uhlands sehr populäres Lied mit der Zeile »Wo je bei altem, gutem Wein, der Württemberger zecht, da soll der erste Trinkspruch sein, das alte, gute Recht« wurde quasi zur Kampfparole der Konservativen. Kerners Gedicht »Der reichste Fürst« dagegen, nach einem alten Volkslied gesungen, berichtet zwar von alten Zeiten, meint aber die neuen: Es wurde zur inoffiziellen Hymne Württembergs.

1818 starb König Friedrich, sein Sohn Wilhelm I. trat ein schwieriges Erbe an. 1819 wurde die Verfassung angenom-

■ *Justinus Kerner (1786–1862), Dichter, Arzt und liberaler Denker.*

Unter König Wilhelm I. wurde die neue Verfassung angenommen.

men: Jetzt gab es zwei Kammern, in der ersten saßen Prinzen und der Hochadel, Vertreter der Kirchen, des Handels, der Industrie, der Landwirtschaft und des Handwerks, außerdem Bürger, die der König ernennen konnte. In der zweiten saßen Vertreter der Kirchen, der Kanzler der Universität und Vertreter des Ritteradels. Und 70 vom Volk gewählte Abgeordnete. Die Stände mussten den Gesetzen und Steuern zustimmen und den Haushalt mitberaten, Gesetze konnte allerdings nur der König einbringen. Zudem wurde ein Staatsgerichtshof eingerichtet, die Presse- und Auswanderungsfreiheit eingeführt und Städte und Gemeinden konnten sich ab sofort selbst verwalten. Einige dieser Rechte, wie die Pressefreiheit, hatte Wilhelm schon vorher dekretiert, jetzt wurden sie in der Verfassung festgeschrieben.

Das war das Ende des Absolutismus in Württemberg. Es dauerte noch 99 Jahre, bis auch die Monarchie abgeschafft und die moderne Demokratie mit allgemeinem und sogar Frauenwahlrecht eingeführt wurde, aber die Verfassung von 1819 war ein erster großer Schritt in diese Richtung.

■ *Die württembergischen Landtagsgebäude in Stuttgart.*

Wichtig war auch, dass das Parlament eine gute Bühne für freie politische Diskussionen wurde.

1820 erschien das Buch »Manuskript aus Süddeutschland« in Stuttgart, in ihm forderte der unter Pseudonym schreibende Autor eine Stärkung der kleinen Länder gegenüber Preußen und Österreich, Baden sollte dabei Württemberg zugeschlagen werden. Später erfuhr man, dass der Autor persönlicher Referent König Wilhelms I. war,

Joseph von Linden (1804–1895), württembergischer Innenminister unter König Wilhelm I.

und man nimmt inzwischen an, dass das Buch auf dessen Initiative hin geschrieben wurde. 1823 brachen deswegen Preußen, Österreich und Russland die diplomatischen Beziehungen zu Württemberg ab, Wilhelms Ruf als Liberaler war aber in der Öffentlichkeit damit gefestigt. Und bei der Wahl zum Landtag 1833, nach der 1830er-Revolution, siegten denn auch die Liberalen unter Friedrich Römer, der 1848 sogar Regierungschef wurde.

Während dieser Zeit, in der zweiten Hälfte des 19. Jahrhunderts, entwickelte sich das Land gut: Die Staatsschulden wurden verringert, die Steuern gesenkt, die Neckarschifffahrt (Wilhelmskanal in Heilbronn) und das Straßennetz wurden ausgebaut, die Eisenbahn geplant und das Land vorsichtig industrialisiert.

Wilhelm aber wurde nach der 1848er-Revolution konservativer. Mit Joseph von Linden stellte er einen Innenminister nach seinem Geschmack ein, der sich für eine umfassende Restauration einsetzte: Die Prügelstrafe wurde 1852, die Todesstrafe 1853 wieder eingeführt, und das Heer schwor seinen Eid nicht mehr auf die Verfassung, sondern auf den König. Immerhin gelang es diesem, das Land durch eine kluge Bündnispolitik aus allen Kriegen herauszuhalten.

1827 Wilhelm Hauff erzählt vom harten Leben im Schwarzwald

»Wer durch Schwaben reist, der sollte nie vergessen, auch ein wenig in den Schwarzwald hineinzuschauen; nicht der Bäume wegen, obgleich man nicht überall solch unermessliche Menge herrlich aufgeschossener Tannen findet, sondern wegen der Leute, die sich von den andern Menschen ringsumher merkwürdig unterscheiden.« So beginnt ein Märchen von Wilhelm Hauff. Nicht mit »Es war einmal«, sondern mit einer realistischen Beschreibung der Landschaft und der Menschen, von denen er den »freieren Atem, ein klareres Auge und einen festeren, wenn auch rauheren Mut als den Bewohnern der Stromtäler und Ebenen« lobt.

Es ist das Märchen von Peter Munk, einem armen Köhler. Als ihm das Glasmännlein, ein Waldgeist, zwei Wünsche erfüllt, bekommt er eine stattliche Glashütte (für Peter ein sozialer Aufstieg), geht aber bald pleite. Der Holländer-Michel, ein böser Waldgeist, gibt ihm dann 100 000 Gulden, Peter muss aber dafür sein Herz gegen ein steinernes tauschen. Durch eine List bekommt er am Schluss sein Herz wieder zurück und wird auch ohne viel Geld ein angesehener und glücklicher Mann.

■ *Wilhelm Hauff (1802–1827) zählt zum Kreis der Schwäbischen Dichterschule.*

■ *Im »Kalten Herz« trifft Peter Munk auf das Glasmännlein.*

Es ist ein moralisches Märchen, aber der Hintergrund ist ernst: Kohle war wichtig für den Abbau von Eisen, Silber und Kupfer. Um Metalle verhütten oder Glas blasen zu können, braucht es hohe Temperaturen, die man mit Holzfeuer nicht erreicht. Also wurde aus Holz Kohle gemacht: Die Köhler zogen in den Schwarzwald. Erst in die Nähe der Bergwerke, dann, weil dort alles abgeholzt war, immer

weiter in die Einsamkeit, mehrere hundert Plätze kennt man noch. Lange wurde ihre Arbeit als unehrenhaft angesehen und schlecht bezahlt, sie blieben arm, »schwarz und berußt und den Leuten ein Abscheu« – wie Peter Munk.

Ende des 17. Jahrhunderts wurde Holland zur Weltmacht und brauchte für seine Schiffe massenhaft Holz. Die Flößer des Schwarzwalds banden die geschlagenen Bäume zusammen und schifften sie über die Flüsse bis an die Nordsee. Auch von diesen Geschäften und dem Reichtum der Holländer erzählt Hauff in Anspielung auf die reichen Fernhändler und die Holländer.

»Das kalte Herz« erschien 1827 und erzählt vom Umbruch von der handwerklich geprägten Ständezeit zur industriellen Epoche. Es war eine Zeit der sozialen und politischen Unsicherheit, mit den Napoleonischen Kriegen und der politischen Reaktion. Die Menschen fühlten sich oft zerrissen zwischen revolutionärem Aufbruch und biedermeierlicher Sehnsucht nach Geborgenheit. Hauff, 1802 in Stuttgart geboren, gehörte wie Ludwig Uhland, Justinus Kerner, Gustav Schwab und Eduard Mörike zur Schwäbischen Dichterschule. Er starb im Alter von 24 Jahren.

■ *Der »Märchenalmanach auf das Jahr 1828« von Wilhelm Hauff.*

1846 Die Maschinenfabrik Esslingen wird gegründet

Im Jahr 1843 wurde die »Königlich Württembergische Staats-Eisenbahn« gegründet, die ersten Linien entstanden, und auch die Lokomotiven und Waggons sollten natürlich jetzt im eigenen Land gebaut werden. Als Leiter der Fabrik wurde ein »Ausländer« ins Land geholt, der in Baden-Baden geborene Emil Keßler (1813–1867), der schon in der badischen Hauptstadt Lokomotiven gebaut hatte. Eine Aktiengesellschaft sorgte für Startkapital, die Stadt Esslingen schenkte dem Unternehmen 1844 das Gelände der Pliensaumühle am Neckar, und 1847 waren schon der erste Personenwagen und die erste Lokomotive fertig, die »Esslingen«.

Emil Keßler hatte Bauingenieurwesen und Maschinenbau am Polytechnicum in Karlsruhe studiert und sich mit Theodor Martiensen 1837 selbständig gemacht. 1841 bauten sie die erste badische Lokomotive, die »Badenia«. Ein Jahr später trennten sich die Kompagnons, bis zum badischen Bankenkrach 1851 leitete Keßler beide Werke, in Karlsruhe und in Esslingen, und stellte neben Loks und

■ *Emil Keßler baute zuerst Lokomotiven in Karlsruhe, bevor er in Esslingen seine berühmte Lokomotivschmiede aufbaute.*

Wagen auch Dampfmaschinen, Turbinen und Walz- und Hammerwerke her. Ab 1851 baute er in Ulm außerdem Dampfer für den Neckar und den Bodensee. 1856 beschäftigte die Esslinger Fabrik bereits 1000 Mitarbeiter und produzierte 50 Lokomotiven pro Jahr. Ab 1860 exportierte sie auch ins Ausland, sogar bis Indien, und die Zahnradloks fuhren auch die Anden hoch.

In diesen Jahren erlebte die Industrie in Württemberg einen großen Boom. Auch weil sie von König Wilhelm I. kräftig gefördert wurde: 1848 schuf er die »Centralstelle für Handel und Gewerbe«, die den Jungunternehmern Kredite verschaffte und Gründern mit Fachwissen half oder es vermittelte. So siedelten sich in Württemberg viele weitere Betriebe an, die Industrie wuchs, Handwerksbetriebe wurden zu Fabriken vergrößert. In Geislingen gründete Daniel Straub mit seinen Brüdern eine Metallwarenfabrik, aus der später die WMF hervorging. In Trossingen begann der Uhrmachermeister Matthias Hohner 1857, seine bis heute welt-

■ *Die ausgedehnten Fabrikanlagen der Esslinger Maschinenfabrik.*

Neu gebaute Lokomotiven wurden vor den Esslinger Weinbergen abgelichtet.

berühmten Mundharmonikas herzustellen, ab 1881 maschinell. 1866 baute Conrad Dietrich Magirus in Ulm die ersten Feuerlöschgeräte und erfand 1872 die »Ulmer Leiter«. 1869 entwickelten die Brüder Mauser Gewehre für das Heer. 1881 übernahmen Robert Vollmöller und seine Frau in Vaihingen eine Trikotagenfabrik und machten sie zur größten Europas. Berühmt sind sie bis heute, die Produkte von Märklin, die Theodor Friedrich Wilhelm Märklin 1859 in Göppingen gegründet hatte: Puppenküchen, Schiffsmodelle, Kreisel und andere Spielzeuge wurden hier hergestellt. 1891 kamen die erste Modelleisenbahn und die dazugehörigen Schienen auf den Markt.

Esslinger Lokomotiven bei einer Ausstellung.

1849 Das »Rumpfparlament« tagt in Stuttgart

Eigentlich sollte es der große Aufbruch in ein einheitliches Deutschland werden, mit dem Preußenkönig als Oberhaupt und einer demokratischen Verfassung, die in der Frankfurter Paulskirche ausgearbeitet werden sollte. Aber der preußische König lehnte die Krone ab, da er sie nicht von Bürgern akzeptieren wollte, die Aufstände in Baden wurden blutig niedergeschlagen. Auch die Mitglieder der »Schwäbischen Legion«, die Baden zu Hilfe geeilt war, starben oder wurden inhaftiert. Ein kleinerer Aufstand, den Gottlieb Rau in Rottweil initiierte, wurde schnell beendet. 1849 war das Experiment gescheitert.

Nur das linke Zentrum und die Linken des Frankfurter Parlaments wollten nicht aufgeben. Aus Angst vor dem Militär, die preußischen Truppen marschierten schon Richtung Baden und Pfalz, verlegten sie 1849 das »Rumpfparlament«, wie es genannt wurde, nach Stuttgart: Württemberg hatte als einziges Land die gesamtdeutsche Verfassung bereits anerkannt. Sie folgten dem Aufruf Friedrich Römers. Römer, in Erkenbrechtsweiler bei Esslingen geboren, hatte Theologie und Jura in Tübingen studiert

■ *Württemberg unter König Wilhelm I. hatte die gesamtdeutsche Verfassung bereits anerkannt.*

Der Halbmondsaal der Stuttgarter Ständekammer war erster Tagungsort des Rumpfparlaments.

und war seit 1848 Justizminister des Landes, es war vor allem ihm zu verdanken, dass Württemberg die Verfassung angenommen hatte. Hier waren sie geschützt: Das württembergische Militär hätte gegen die Preußen zwar keine Chance gehabt, aber wenn es keinen bewaffneten Aufstand gab, würden die Preußen auch nicht angreifen.

Die 104 Abgeordneten wurden begeistert empfangen, in Heilbronn mit einer Ehrenwache der Bürgerwehr begrüßt, in Stuttgart unter Hochrufen der Zuschauer in den Landtag begleitet, wo zum ersten Mal auch Frauen zuschauen durften. Über 60 Solidaritätsadressen aus dem ganzen Land trafen in Stuttgart ein, Bürgerwehren und Gemeinden boten ihre Hilfe an. In Heilbronn gelobte die Bürgerwehr »der Reichsregierung feierlich Treu und Gehorsam gegenüber rebellischen Fürsten und verräterischen Regierungen«. Riedlingen, Tuttlingen und Sulz schlossen sich

- Friedrich Römer (1794–1864), württembergischer Justizminister.

an. Für Justizminister Römer war schon das so bedrohlich, dass er Heilbronn besetzen ließ.

Und als das Rumpfparlament sich zur Regierung über das ganze deutsche Reich erklärte und damit Württembergs Souveränität und auch seine Sicherheit bedrohte, ließ Römer die Versammlung auflösen und die Nicht-Württemberger ausweisen. Während in Stuttgart nur wenige dagegen protestierten (unter anderen der Dichter Ludwig Uhland), gab es in Kirchheim, Weilheim, Tübingen, Calw, Freudenstadt und anderen Orten Krawalle und sogar einen bewaffneten Zug auf Stuttgart, der sich aber bald von selbst auflöste, als man die Erfolglosigkeit einsah.

- Auflösung des Rumpfparlaments: Württembergische Dragoner treiben die Demonstration der ausgesperrten Abgeordneten auseinander.

1851 Honoré Frédéric Fouquet kommt nach Stuttgart

■ Die »Kleine Mailleuse«, ein Rundwirkstuhl, von Honoré Frédéric Fouquet.

Schon im ausgehenden Mittelalter war die Tuchindustrie eine der Haupteinnahmequellen des Landes: Die Große Ravensburger Handelsgesellschaft unterhielt Niederlassungen in ganz Europa. Mitte des 19. Jahrhunderts bewirkte die Einführung von neuen Maschinen einen großen Aufschwung in der Herstellung von Kleidung und Wäsche. Für Württemberg war der aus altem französischen Adel stammende Honoré Frédéric Fouquet (1802 bis 1888) prägend. Fouquet, im französischen Poinville geboren, arbeitete als Uhrmacher in Paris und später in Troyes. 1845 erfand er eine Maschine zur Herstellung von Textilien, die »Kleine Mailleuse«. 1851 ging er nach Stuttgart, wo er mit Hilfe eines großzügigen Staatsdarlehens die erste württembergische Fabrik für Rundwirkstühle baute. 1873 verlegte Fouquet seine Fabrik nach Rottenburg und kaufte ein großes Gelände am Neckar.

Rundwirkstühle stellen einen Maschenschlauch her: So geht keine Zeit mehr verloren wie bei den älteren Flachwirkstühlen, wenn eine neue Maschenreihe anfängt. Und so war nicht nur das Rohmaterial billiger, sondern auch die Unterwäsche, die daraus gefertigt wurde. Und die wurde noch billiger, als die Hersteller von Wäsche auf die Idee kamen, sie als Konfektionsware direkt in den Handel zu bringen. Große Firmen wie Wilhelm und Gottlieb Benger in Degerloch und Stuttgart machten sie damit auch dem Normalbürger zugänglich. Bengers Unterwäsche war zunächst ungefärbt, später gemustert. Seit 1891 gab es im Stuttgarter Kaufhaus von Eduard Breuninger Männerunterhosen in verschiedenen Farben und Größen, natürlich schön getrennt von den anderen Abteilungen.

Benger produzierte auch Reformunterwäsche, die der Stuttgarter Arzt, Zoologe und Textilfabrikant Gustav Jäger (1832–1917) empfohlen hatte. 1878 hatte er erkannt, dass, je wärmer es einem Menschen ist, er umso weniger Arbeitsleistung bringt: Richtige Kleidung bei der Arbeit (und im Krieg) war also wichtig. Jägers Wäsche war aus Trikotstoff, sie war »poröser, schmiegsamer und schon dadurch haltbarer und angenehmer auf der Haut«, schrieb er 1885: die erste Markenunterwäsche der Welt. Sogar der

■ *Gustav Jäger (1832–1917), Zoologe und Mediziner.*

Wilhelm und Gottlob Benger stellten die Jägersche Wäsche im großen Stil her.

württembergische König Wilhelm II. trug sie, und die kaiserliche Kriegsmarineuniform hatte den charakteristischen Schnitt der Jägerschen »Normalkleidung«.

In den 1920er-Jahren gab es dann von Benger nicht nur fließende, bequeme Wäsche für die moderne Frau, sondern sogar hautenge Badeanzüge. Ein paar Jahrzehnte zuvor wäre das noch ein Skandal gewesen: Frauen mussten völlig bekleidet oder sogar in Badekarren ins Wasser, ihre Körperformen durfte man nicht sehen.

1853 Eduard Mörikes »Historie von der schönen Lau« erscheint

Es war eine schwierige Zeit, das 19. Jahrhundert: Es begann mit der Französischen Revolution und den Kriegen gegen Napoleon, der Neuordnung Europas, der Restauration nach dem Wiener Kongress und den Karlsbader Beschlüssen. Es gab judenfeindliche Ausschreitungen und den Versuch einer Revolution 1848, die Industrialisierung und die Eisenbahn formte das Land und die Wahrnehmung der Wirklichkeit um. Und die Menschen schwankten zwischen Aufbruch und Resignation.

Später hat man der Epoche den Namen »Biedermeier« gegeben, nach Satiren, für die die beiden Badener Ludwig Eichrodt (1827–1892) und Adolf Kußmaul (1822–1902) den behäbigen, schwäbischen »Herrn Biedermeier« erfanden, der sich in seine private Idylle zurückzieht. Auch viele schwäbische Dichter zogen sich von der Politik zurück, wie Eduard Mörike, dessen »Historie von der schönen Lau« ein humorvolles, manchmal fantastisches Märchen ist, eingebettet in die Erzählung vom »Stuttgarter Hutzelmännlein«, in der es heißt: »Man sucht erst einmal in der Nähe«, nicht in der großen Politik also oder in der weiten Welt, sondern

■ Eduard Mörike (1804–1875), schwäbischer Dichter und Pfarrer.

■ *Der Blautopf am Kloster Blaubeuren.*

in der gemütlichen, gottgefälligen, schwäbischen Heimat, am heimischen Herd.

Und so will am Schluss der Märchens auch die Wasserfrau, die schöne Lau, von ihrem Mann nach Blaubeuren verbannt, weil sie ihm keine Kinder gebar, nur noch zurück in ihr Heim am Schwarzen Meer. Selbst der musikmachende Topf, eines der Zauberdinge in diesem Märchen, wird zur Ruhe gebracht, indem die schwäbische Wirtin ihre Schürze über ihn wirft: So siegt die Bürgerruhe über die Magie. Erlöst wird die schöne Lau übrigens dadurch, dass sie fünf Mal herzlich lacht. Zum Beispiel über den schwäbischen Zungenbrecher »'s leit a Klötzle Blei glei bei Blaubeira, / glei bei Blaubeira leit a Klötzle Blei.«

Das Märchen spielt nämlich am Blautopf, in der Nähe von Blaubeuren. Der Blautopf ist wohl die berühmteste Karstquelle Deutschlands, sie strahlt in einem reinen Blau oder tiefem Türkis, je nach Lichteinfall. Ein weitverzweigtes Höhlensystem speist die Quelle des 22 Meter tiefen Sees, aus dem schon die Steinzeitmenschen der Umgebung getrunken haben.

■ *Die Wasserfrau Lau mit ihren Hofdamen.*

Mörike (1804–1875) wurde in Ludwigsburg geboren, studierte Theologie in Tübingen und war Pfarrer in Cleversulzbach und Lehrer am Katharinenstift in Stuttgart. Sein Roman »Maler Nolten« und vor allem seine romantischen, gefühlvollen Gedichte machten ihn schnell berühmt. Er war einer der wichtigsten Vertreter der schwäbischen Romantik, wie Ludwig Uhland, Gustav Schwab und Wilhelm Hauff (»Das kalte Herz«), der im Kloster am Blautopf zur Schule ging.

1886 Robert Bosch gründet sein Unternehmen

■ *Robert Bosch (1862–1942) zählt zu den berühmtesten schwäbischen Erfindern.*

Robert Bosch konnte auf ein bewegtes Leben zurückblicken: Von Albeck, einem Dorf bei Ulm, ging es über eine Feinmechanikerlehre bis zum Multimillionär und Großunternehmer – und zum großzügigen Mäzen und Wohltäter.

1862 geboren, war er der zweitjüngste Sohn des Wirts Servatius (1816–1880) und seiner Frau Marie Margarethe Bosch, geborene Dölle (1818–1898). Zur Wirtschaft, seit 1736 im Besitz der Familie, gehörten eine Brauerei, Wald und Landwirtschaft und Pferde für die Fuhrleute, die hier übernachteten und danach den steilen Weg Richtung Ulm nahmen. Schon Roberts Großvater hatte eine soziale Ader und ließ im Hungerjahr 1816 die Armen in seiner Gaststube »Zur Krone« umsonst essen. Sein Vater war Freimaurer und überzeugter Demokrat und erzog seine zwölf Kinder zu einer kritischen Haltung.

Nach der Realschule und der Lehre bei Wilhelm Maier in Ulm ging Bosch traditionell auf Wanderschaft. Er arbeitete in Köln in der Großhandlung Bosch & Haag, die sein 18 Jahre älterer Bruder Carl mit seinem Schwager Gustav Haag gegründet hatte, später beim Elektrotechniker

Wilhelm Emil Fein in Stuttgart, beim Hofjuwelier Friedrich Isaac Roediger in Hanau. Beide waren führend in ihrem Metier: Fein stellte elektrische Anlagen her, Telegrafen, das erste tragbare Telefon der Welt (1885) und 1895 die erste elektrische Handbohrmaschine der Welt. Roediger produzierte vollautomatisch Schmuck- und Fuchsschwanzketten. In Nürnberg arbeitete Bosch bei Sigmund Schuckert, der Bogenlampen mit Gleichstromdynamos fertigte. Bei ihm erkannte er, wie wichtig die richtige Leitung und Organisation eines Betriebs ist, wie wichtig auch die Fürsorge für die Angestellten und Arbeiter: Schuckert hatte bereits eine Betriebskrankenkasse für seine Arbeiter eingeführt. Dennoch war Bosch der Gedanke an Führung nicht fremd, denn »schon die Tatsache, dass die Menschen von Geburt aus nicht gleich sind, lässt den Gedanken absonderlich erscheinen, das jemals eine Zeit kommen werde, die ohne führende Persönlichkeit auskommen wird«, schrieb Bosch noch 1920.

Bosch studierte ab 1882 an der Polytechnischen Hochschule in Stuttgart, aber nach zwei Jahren brach er das Studium ab: Praxis interessierte ihn mehr als Theorie. Er ging nach England zu Siemens und nach Amerika, wo er

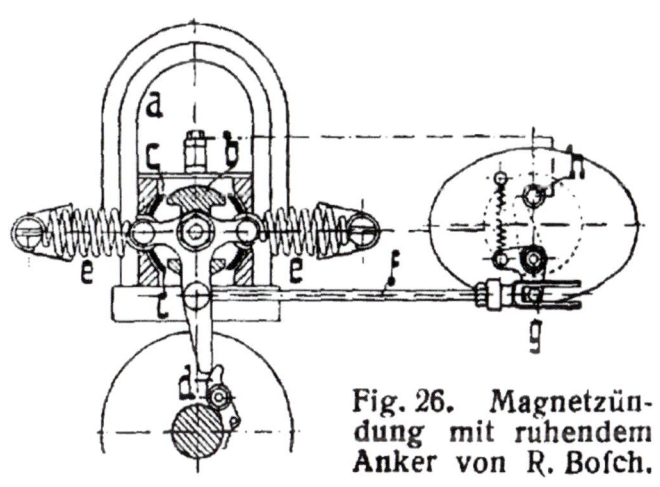

Fig. 26. Magnetzündung mit ruhendem Anker von R. Bofch.

■ *Zündanlagen für Benzinmotoren begründen den Weltruhm der Firma Bosch.*

■ Bosch-Werbeplakat aus den Anfängen des Automobil-Zeitalters.

bei Edison arbeitete und Mitglied der »Knights of Labor« wurde, einer Art geheimer Bruderschaft und Vorläufer der modernen Gewerkschaften. 1886 gründete er in Stuttgart eine eigene Werkstatt für Feinmechanik und Elektrotechnik, verbesserte einen Magnetzünder für Motoren, konnte ihn 1897 sogar in einen Automotor einbauen. Schnell expandierte er auch nach Frankreich und England, 1910 sogar in die USA. Boschs Zündkerzen, die er aus dem Magnetzünder entwickelte, wurden auch im Ersten Weltkrieg massenhaft gebraucht. Viele weitere Neuerungen brachte er auf den Markt: die erste Beton-Schlagbohrmaschine 1917, die Dieseleinspritzung 1927, die er auch an die Wehrmacht verkaufte. Bald exportierte er seine Produkte nicht nur, sondern gründete Fabriken in aller Welt, seine Kunden waren Fiat, Škoda ...

Prägend waren für ihn auch die Reformgedanken von Gustav Jäger (1832–1917), einem Arzt, frühen Darwinisten und ab 1867 Lehrer in Hohenheim und Stuttgart. Er propagierte ein gesundes Leben mit viel frischer Luft und das Tragen von »Normalkleidung« aus Wolle, die dem Menschen zu größeren Leistungen verhelfen würde. Durch seine Forschungen kam er zu dem Schluss, dass schlechte Kleidung den Menschen einengen und aufheizen und diesen damit unproduktiver machen würde. Die Stuttgarter Firma Benger produzierte diese Kleidung ab 1879.

Bosch entwickelte aus den Ideen der Lebensreform, der Anthroposophie und des Freidenkertums, vermischt mit seinen Erfahrungen mit der Arbeiterbewegung in Amerika, seine eigenen philanthropischen Gedanken, die er in seinen Fabriken und mit seinen Stiftungen zu verwirklichen versuchte. Lange Zeit war er zudem befreundet mit dem Sozialdemokraten Karl Kautsky und der Kommunistin Clara Zetkin.

Er spendete für den Bau des Neckarkanals, für soziale und technische Stiftungen, baute im Ersten Weltkrieg einige seiner Fabriken zu Lazaretten um, bezahlte seinen Arbeitern die Aus- und Weiterbildung, führte 1906 den Achtstundentag ein und den arbeitsfreien Samstagnachmittag. Er stiftete ein Krankenhaus in Stuttgart, schenkte der Technischen Hochschule Stuttgart 1910 eine Million Mark, der Stadt Stuttgart und dem »Schwäbischen Siedlungsverein« Geld für sozialen Wohnraum, dem Verein zur Förderung der Volksbildung, der späteren Volkshochschule, und vielen anderen Institutionen Millionenbeträge. Später unterstützte er auch gezielt jüdische Hilfsorganisationen.

In der Zeit des Nationalsozialismus machte er riesige Gewinne, weil er viele Rüstungsaufträge bekam. Auf dem Gelände der Bosch-Tochtergesellschaft Dreilinden Maschinenbau befand sich das Außenlager Kleinmachnow, das zum KZ Sachsenhausen gehörte. Aber Bosch unterstützte auch den Widerstand gegen das Regime, unter anderem Carl Goerdeler und die Männer des 20. Juli, und rettete Juden vor der Deportation. Er starb 1942. In seinem Testament bestimmte er, dass die Gewinne des Unternehmens gemeinnützigen Zwecken dienen sollten.

■ *Die Firma Bosch gründete bald Niederlassungen auf der ganzen Welt.*

1892 Hermann Hesse flieht aus Maulbronn

■ *Hermann Hesse (1877–1962) wurde in Calw geboren.*

Das Kloster Maulbronn ist eine der schönsten Zisterzienserklosteranlagen Deutschlands, vor allem sein Kreuzgang und der Brunnen sind weltberühmt. 1147 unter dem Einfluss von Bernhard von Clairvaux gegründet, war Maulbronn ab 1556 eine Schule, seit 1807 ein evangelisch-theologisches Seminar, das auf das Studium der Theologie vorbereiten sollte. Viele berühmte Württemberger gingen hier zur Schule, auch Hermann Hesse. Der musste dazu übrigens erst die württembergische Staatsangehörigkeit annehmen: 1877 als Sohn eines Missionars aus dem Baltikum geboren, war er Russe. 1881 zog die Familie nach Basel, er wurde Schweizer, 1890 Württemberger. 1924 wurde Hesse wieder Schweizer und blieb es bis zu seinem Tod 1962.

1891 wurde Hesse Seminarist in Maulbronn und musste wie viele andere die klassischen Sprachen lernen, Latein und Griechisch. Zunächst gefällt es ihm: »Ich bin froh, vergnügt und zufrieden. Es herrscht ein Ton, der mich sehr anspricht«, schreibt er in einem Brief. Ohne ersichtlichen Grund aber läuft er kurz danach davon, hat Anfälle von Depressionen und wird von seinen Eltern 1892 nach Bad Boll bei Göppingen geschickt. Dort praktiziert Christoph Friedrich Blumhardt (1842–1919). Er wie schon sein Vater Johann Christoph, beides Pfarrer, waren charismatische, pietistische Männer, Heiler und Exorzisten. Der Vater war ein Wunderheiler durch Gebete, Christoph ein wortgewaltiger Prediger. Die Blumhardts waren mit Hesses Familie, fast allesamt Missionare, befreundet, und der Gedanke an Geister, Dämonen und Teufelsaustreibung und dass man den Willen eines widerspenstigen Kindes brechen müsse, um ihm Gutes zu tun, war ihnen wie vielen anderen Pietisten eigen. Sie beriefen sich auch auf die Bibel, in der die Prügelstrafe gutgeheißen wird.

■ *In Maulbronn ging Hesse zur Schule.*

- *Hesse verbrachte vier Monate in der Heil- und Pflegeanstalt Stetten, wie von Pfarrer und Heiler Christoph Blumhardt empfohlen.*

Christoph Blumhardt predigte ansonsten die Liebe Gottes, später wurde er Sozialist.

Was genau er mit Hesse anstellte, weiß man nicht. Jedenfalls unternahm Hesse einen Selbstmordversuch, und Blumhardt empfahl, ihn in eine Irrenanstalt einzuweisen, Hesse sei von »Bosheit und Teufelei« besessen. (Auch der Dichter Eduard Mörike war übrigens zur Kur bei Blumhardt, dem Vater, bei ihm schlug sie allerdings an.) Hesse kam für vier Monate in die Heil- und Pflegeanstalt Stetten, danach auf das Cannstatter Gymnasium. In Calw begann er eine Lehre in der Perrotschen Turmuhrenfabrik, in der Tübinger Buchhandlung Heckenhauer wurde er zum Buchhändler ausgebildet. Als Schriftsteller verarbeitete Hesse seine Erlebnisse in Maulbronn und Calw in seinen Romanen, vor allem in »Unterm Rad« von 1906.

1900 Der erste Zeppelin fliegt über Friedrichshafen

Der 2. Juli 1900 war ein außergewöhnlicher Tag für die Friedrichshafener: Zum ersten Mal startete ein Zeppelin von der Manzeller Bucht und flog über den See. Nach 18 Minuten musste er zwar notwassern, aber das war den 12 000 Zuschauern am Ufer und auf den Booten egal. Es war ein gigantischer Anblick, wie sich das 128 Meter lange Gefährt mit fünf Mann Besatzung in die Luft hob.

Leider ging es für Ferdinand Graf von Zeppelin, den Erfinder des Luftschiffs, nicht genauso weiter aufwärts. Erst Jahre später, nach dem Einsatz seines Privatvermögens und Spenden aus ganz Deutschland, konnte er wieder weiterproduzieren. Mit Erfolg: 1908 konnte er Luftschiffe an das Militär verkaufen. Im Ersten Weltkrieg wurde der Zeppelin sogar als Bomber und Aufklärungsflugzeug benutzt, bis Flugzeuge seine Rolle einnahmen.

Ab 1909 flogen die Zeppeline auch zivil, im Linienverkehr nach Berlin oder in den Kurort Baden-Baden, sogar nach Amerika. Berühmt wurde 1929 die Weltumrundung des »Graf Zeppelin«. Aber die Entwicklung der Flugtechnik

■ *Der Luftfahrtpionier Ferdinand Graf von Zeppelin (1838–1917).*

ging in eine andere Richtung, das endgültige Aus kam 1937, als die »Hindenburg« bei der Landung in Lakehurst in den USA in Flammen aufging.

Das erlebte Graf von Zeppelin allerdings nicht mehr. Als Sohn eines Baumwollfabrikanten 1838 in Konstanz geboren (er starb 1917), besuchte er das Polytechnikum in Stuttgart und die Kriegsschule in Ludwigsburg, studierte in Tübingen Staatswissenschaft, Chemie und Maschinenbau und wurde 1887 Gesandter in Berlin, bis er sich ganz der Entwicklung seines Luftschiffs widmete. Vor allem die Lenkbarkeit war ein Problem, das er mit Luftschrauben und einem Verbrennungsmotor löste. Unter dem riesigen Körper hing eine Gondel für Crew und Passagiere – die war übrigens sehr luxuriös und glich mehr einem Salon als den engen Kabinen von heute. Eine Fahrt war sowieso so teuer, dass nur die Reichsten sie sich leisten konnten.

■ *Konstruktionsskizze von LZ 1.*

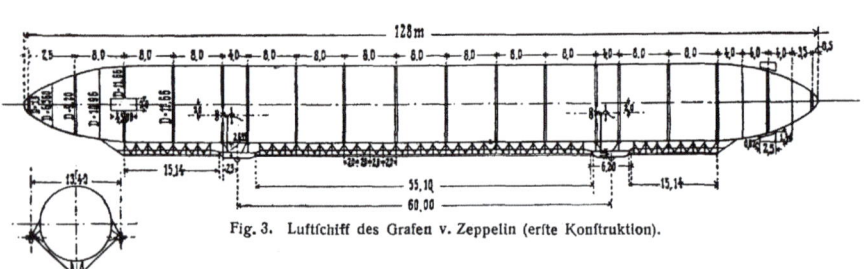

Fig. 3. Luftschiff des Grafen v. Zeppelin (erste Konstruktion).

■ *LZ 2 flugbereit auf dem Bodensee.*

Friedrichshafen wurde 1811 von König Friedrich durch die Zusammenlegung des Dorfs Buchhorn und des Priorats Hofen gegründet. Schon bald war die Stadt der wichtigste Handelshafen Richtung Süden, erst recht, als die Dampfschiffe aufkamen, und ab 1847 noch einmal mehr mit der Eisenbahn. 1849 wurde eine Eisenbahnwerkstatt gegründet, die bis zu 200 Arbeiter beschäftigte, 1859 eine große Lederfabrik. Mit der Zeppelinfabrik und der dazugehörigen »Zahnradfabrik Friedrichshafen« von 1915 entwickelte sich Friedrichshafen damit zu einem der bedeutendsten Industriestandorte Württembergs. Zeppelin baute übrigens ab 1910 Betriebswohnungen und gründete eine Werkskantine, eine Art Lebensversicherung und eine Unterstützungskasse für Betriebsangehörige.

1903 Margarete Steiffs Teddy-Bär erobert Amerika

Klassiker im Kinderzimmer: der Teddy von Steiff.

Das war Rettung in letzter Sekunde. 1903 wurde auf der Leipziger Frühjahrsmesse ein neues Spielzeug vorgestellt: ein kleiner Plüschbär, 55 cm hoch, mit beweglichen Armen und Beinen. Niemand interessierte sich für das kuschlige Tierchen, bis der Einkäufer der amerikanischen Firma F. A. O. Schwarz gegen Ende der Messe 3000 Stück bestellte. Ein Jahr später konnte Steiff schon 12 000 Stück verkaufen, fünf Jahre später eine Million.

Vielleicht lag es auch am Namen des Bären. Denn der Präsident damals war Theodore »Teddy« Roosevelt. Als er einmal auf einem Jagdausflug einen Bären nicht erschießen wollte, weil seine Helfer das Tier ganz unsportlich an einen Baum gebunden hatten, zeichnete der Karikaturist Clifford Berryman dieses Ereignis, das 1902 auf der Titelseite der »Washington Post« veröffentlicht wurde. Das Paar wurde schnell populär, und ab sofort war auf Roosevelt-Karikaturen in der »Post« auch immer der Bär zu sehen. Der russische Einwanderer Morris Michtom und seine Frau Rose stellten einen Bären als Dekoration in das Schaufenster ihres Süßwarenladens in Brooklyn und nannten ihn »Teddy's Bear«, mit Roosevelts Erlaubnis. 1903 bekam der Plüschbär aus Giengen dann auch den Knopf ins Ohr, das

Zeichen des echten Steiff-Bären. Erfunden hat den Teddy allerdings nicht Margarete Steiff selbst, sondern ihr Neffe Richard, der seit 1897 für sie arbeitete. Und den Knopf ihr anderer Neffe Franz.

Margarete Steiff, 1847 in Giengen an der Brenz geboren, saß wegen Kinderlähmung zeitlebens im Rollstuhl. Sie machte eine Schneiderinnenlehre und arbeitete in der Damenschneiderei ihrer Schwestern. 1877 nähte sie Mäntel und Unterröcke. 1879 schneiderte sie Elefanten, nachdem

■ *Margarete Steiff (1847–1909) saß zeitlebens im Rollstuhl.*

sie in einer Modezeitschrift das Schnittmuster eines Filznadelkissens in Form eines Elefanten entdeckt hatte. Sie stopfte ihn mit Wolle aus und verschenkte ihn an ihre Nichten und Neffen. Die Kinder waren verrückt danach, und so kam sie auf die Idee, andere Tiere herzustellen, Pferde, Esel und Schweine, und sie zu verkaufen. Dazu hatte sie ein »Filz-Versandt-Geschäft« gegründet. Spielzeug für Kinder war so gefragt, dass sie allein von den Elefanten bald über 5000 Stück verkaufte und ihre Werkstatt, für die sie immer auch Heimarbeiterinnen beschäftigte, vergrößern konnte. Ihr berühmtestes Produkt, den Bären, hatte sie übrigens nie sonderlich gemocht, er war ihr zu plump. 1909 starb sie an den Folgen einer Lungenentzündung. Ihre Neffen Richard, Paul, Franz, Hugo und Otto Steiff hatten bereits 1907 die Firma mit ihren 400 Mitarbeitern und 1800 Heimarbeitern übernommen.

■ *Werbeplakat für Steiff-Spielwaren in den USA.*

1907 Clara Zetkin trifft in Stuttgart Rosa Luxemburg und Lenin

Dass jedes Jahr am 8. März der Internationale Frauentag gefeiert wird, ist einer Kommunistin zu verdanken: Clara Zetkin. 1910 endete die zweite Internationale Frauenkonferenz in Kopenhagen mit diesem Beschluss, der Frauentag sollte seither immer am 19. März sein. Am Tag davor war der Gedenktag für die Gefallenen der Märzrevolution 1848. Seit 1921 ist der Frauentag allerdings am 8. März, im Gedenken an die Frauen der russischen Februarrevolution.

Drei Jahre zuvor fand die erste Internationale Sozialistische Frauenkonferenz in Stuttgart statt, vom 17. bis 19. August 1907. Die Frauen forderten vehement das Wahlrecht und bildeten ein Internationales Frauensekretariat, mit Sitz in Stuttgart, Clara Zetkin wurde Vorsitzende. Am 18. August begann der dazugehörige Internationale Sozialistenkongress, auf dem Zetkin ihre Forderungen nach Frauenrechten wiederholte.

■ *Politikerin, Friedensaktivistin und Frauenrechtlerin: Clara Zetkin.*

Den Internationalen Sozialistenkongress in Stuttgart hatte Zetkin mitorganisiert, der einzige, der in Deutschland stattfand. Aus 25 Ländern kamen fast 900 Delegierte, die Elite der Linken: Jean Jaurès, August Bebel, Karl Kautsky, ihre Freundin Rosa Luxemburg (die eine Zeitlang die Geliebte ihres Sohns Kostja war), Karl Liebknecht und sogar Leo Trotzki und Wladimir Iljitsch Lenin, mit dem sie eng befreundet blieb.

Clara Zetkin, 1857 in Wiederau in Sachsen geboren, war eine Sozialdemokratin und Frauenrechtlerin der ers-

■ *Tagungsort des Internationalen Sozialistenkongresses 1907 war die Liederhalle in Stuttgart.*

ten Stunde, schon ihre Mutter Josephine Vitale war mit den ersten Suffragetten Deutschlands wie Louise Otto-Peters befreundet. Zetkin flüchtete wegen der Sozialistengesetze nach Paris, wo sie mit Ossip Zetkin (1850 bis 1889) bis zu seinem Tod zusammenlebte, sie hatten zwei Söhne. 1890 ging sie nach Stuttgart-Sillenbuch, wo sie als Herausgeberin der Frauenzeitschrift »Die Gleichheit« arbeitete. Unter ihrer Chefredaktion wurde diese SPD-Zeitung ein Massenblatt, eine der Autorinnen war Rosa Luxemburg.

■ *Rosa Luxemburg spricht auf der Frauenkonferenz, die zeitgleich mit dem Sozialistenkongress stattfindet.*

1919 wurde Zetkin Mitglied der »Verfassunggebenden Landesversammlung Württembergs« und eine der ersten weiblichen Abgeordneten. Sie gehörte zu den Mitbegründerinnen der KPD, für die sie ab 1920 im Reichstag saß, ab 1932 sogar als Alterspräsidentin, als die sie zur Einheitsfront gegen den Nationalsozialismus aufrief: »Vor dieser zwingenden geschichtlichen Notwendigkeit müssen alle fesselnden und trennenden politischen, gewerkschaftlichen, religiösen und weltanschaulichen Einstellungen zurücktreten.« 1933 flüchtete sie in die Sowjetunion, wo sie wenige Monate danach starb.

1918 In Friedrichshafen beginnt die Revolution in Württemberg

In den vernichtenden Stellungskämpfen des Ersten Weltkrieges kommen hunderttausende Soldaten ums Leben.

Vier Jahre dauerte der Krieg. Am Anfang von den meisten begeistert gefeiert, zeigten die verlustreichen Schlachten – allein vor Verdun starben über 300 000 Männer – bald die Sinnlosigkeit der Kämpfe. Selbst die Heeresleitung glaubte nicht mehr an einen Sieg, und die Bevölkerung litt unter Hunger und Epidemien. Dann überstürzten sich die Ereignisse. In Kiel und Wilhelmshaven meuterten Ende Oktober die Kriegsmatrosen gegen einen unsinnigen und sicher todbringenden Befehl, die Arbeiter streikten für sie – das war das Signal für ganz Deutschland.

Friedrichshafen war immer schon ein Unruheherd während des Krieges. Vor allem die USPD hatte bei den bis zu 10 000 Arbeitern großen Rückhalt. Ab Ende 1916 forderten sie immer wieder höhere Löhne, Anfang 1917 wurde zum ersten Mal im Flugzeugbau gestreikt. Im August 1918 kamen, wie in vielen anderen Städten, Hungerdemonstrationen dazu, die oft in Plünderungen von Geschäften, Gasthöfen und Metzgereien ausarteten. In Friedrichshafen konnten sie durch Wachen und Polizei vereitelt werden.

Zudem wurden dann auch immer häufiger politische Forderungen gestellt, vor allem nach Frieden und Demokratie. In Württemberg fanden die ersten großen Friedensdemonstrationen schon ab dem 22. Oktober in Friedrichshafen statt, mit mehreren tausend Teilnehmern, die erste nach einer Betriebsversammlung bei Maybach-Motorenbau. Am 30. Oktober forderte die USPD in Stuttgart in einem Manifest den sofortigen Waffenstillstand, die Auflösung der Landesparlamente und die sozialistische Republik. Hauptorganisator war der Schriftsetzer Fritz Rück, der zusammen mit dem Sprachwissenschaftler August Thalheimer »Die Rote Fahne« der Räte herausgab und mit Clara Zetkin befreundet war. Am 4. November bildete sich in Stuttgart, am 5. in Friedrichshafen ein städtischer Arbeiter- und Soldatenrat, alle Arbeiter traten in einen Generalstreik. Eine Versammlung von 8000 Mann schickte dem Innenministerium ihre Forderungen: sofortiger Friedensschluss, Abdankung aller Fürsten und Regierungsbildung durch die Räte, Verringerung der Arbeitszeit, Demokratisierung des Heeres. Das waren auch die Forderungen des Stuttgarter Arbeiterrats und der Inhalt des Manifests der württembergischen USPD. An-

■ *Revolution in Stuttgart 1918: In der Rotebühlkaserne versammeln sich Soldaten und Bürger der Stadt.*

dernfalls würden die Friedrichshafener Arbeiter zu den Waffen greifen und die Revolution erzwingen.

Am 7. November trat ein Teil des württembergischen Kabinetts zurück. Am 9. wurde mit Theodor Liesching von König Wilhelm II. ein neuer Regierungschef bestimmt, zwei Tage später übernahm der gemäßigte Sozialdemokrat Wilhelm Blos – bei den Wahlen im März 1919 wurde er zum Staatspräsidenten gewählt. Der König zog sich nach Bebenhausen zurück und dankte am 30. November 1918 ab. Da waren die anderen Herrscher längst abgetreten, der bayerische König Ludwig III. wurde bereits am 7. November abgesetzt, die anderen kurz danach. Immerhin war jetzt auch Württemberg offiziell zur Republik geworden.

Wie in Berlin versuchte die linke USPD auch in Württemberg zusammen mit den Kommunisten einen revolutionären Umsturz. In allen größeren Städten – Esslingen, Göppingen, Friedrichshafen, Ulm und Stuttgart – gab es Massendemonstrationen. Die bürgerlichen Kräfte, die in den Räten und der Regierung die Mehrheit bildeten, fürchteten den sozialistischen Umsturz und stellten Sicherheitstruppen auf, die auch in Friedrichshafen patrouillierten. In Stuttgart begannen USPD und Linksradikale im Januar und im April 1919 einen Putsch. Beim ersten flüchtete sich die Regierung in den Turm des Stuttgarter Hauptbahnhofs, der Umsturz wurde schnell niedergeschlagen. Der zweite Versuch wurde durch den Mord am bayerischen Ministerpräsidenten Kurt Eisner (USPD) ausgelöst: ein Generalstreik war die Folge, die Regierung antwortete mit der Ausrufung des Belagerungszustands, es kam zu blutigen Straßenkämpfen mit 16 Toten.

Bei den Reichstagswahlen im Januar 1919 bekamen in Friedrichshafen die Arbeiterparteien insgesamt 37 Prozent

■ *Der gemäßigte Sozialdemokrat Wilhelm Blos (1849–1927) wird in den Novemberwirren württembergischer Regierungschef.*

der Stimmen, die SPD davon 32, die USPD nur 5. Die bürgerlichen Parteien waren mit 63 Prozent die stärkste politische Kraft, vor allem das Zentrum mit 43 Prozent. Im Reich waren es für die SPD 35,4 Prozent, die USPD nur 2,7, das Zentrum 22,8. Das restliche Oberschwaben war noch konservativer, was kein Wunder ist: Nur in Biberach, Ravensburg und Wangen gab es viele Arbeiter, der Rest des Landes war eher landwirtschaftlich geprägt, eine Arbeiterbewegung gab es hier nicht und war auch gar nicht möglich.

Die weitere politische Entwicklung des Landes zeigt das Bemühen nach Stabilität. Im März wurde der gemäßigte Sozialdemokrat Wilhelm Blos, der schon Regierungschef des Königs gewesen war, von den gemäßigten Parteien SPD, DDP und Zentrum zum Staatspräsidenten gewählt, eine Art Ministerpräsident. Die neue Verfassung wurde im April beschlossen. Damit waren die immer noch bestehenden Arbeiter- und Soldatenräte machtlos geworden. Die SPD unter Kurt Schumacher verlor schnell ihren Einfluss, die Regierung blieb konservativ.

■ *Abgedankt: König Wilhelm II. und Königin Charlotte im Kloster Bebenhausen.*

1920 Erich Schairers Heilbronner Sonntagszeitung erscheint

Erich Schairer (1887–1956), Journalist und Publizist.

»Zeitungspapier ist ein vergänglicher Stoff. Es ist im allgemeinen gut so, denn was in der Zeitung steht, ist nicht für die Ewigkeit bestimmt, sondern für den Augenblick«, schrieb Erich Schairer 1929. »Aber manches darin ist doch wert, ein wenig länger aufbewahrt zu werden. Weil es gut gelungen ist, weil es seine Bedeutung behält oder weil es für die Zeit, in der es in der Zeitung stand, besonders bezeichnend ist.« Eine dieser Zeitungen aus der Weimarer Zeit ist Schairers Sonntagszeitung.

Geboren 1887 in Hemmingen bei Stuttgart, war Schairer Internatsschüler in Blaubeuren und studierte Philosophie und Theologie in Tübingen. Ab 1909 war er Vikar in Untertürkheim und Sulzbach, 1912 wurde er Redakteur beim Reutlinger Generalanzeiger. Im gleichen Jahr wurde er Nachfolger seines Freundes Theodor Heuss als Sekretär bei dem liberalen Politiker Friedrich Naumann. Schairer promovierte 1913 über »Christian Friedrich Daniel Schubart als politischer Journalist«. 1918 wurde er, wieder als Nachfolger von Heuss, Chefredakteur der Heilbronner »Neckar-Zeitung« und gründete dann seine eigene Wochenzeitung, die linksliberale »Heilbronner Sonntags-Zeitung«. 1920 erschien sie, mit zunächst vier Seiten, in einer Auflage von 1000 Stück. Da Schairer Anzeigen nicht mochte, gab es ab 1924 in seiner Zeitung auch keine mehr.

■ *Erich Schairer (links) im Kreise seiner Familie um 1900.*

Wie seine berühmteren Kollegen Kurt Tucholsky oder Theodor Wolff kämpfte auch Schairer »gegen Kirchentum, Kapitalismus, Krieg und Gewaltherrschaft, für Geistesfreiheit, Gemeinwirtschaft, Gerechtigkeit und Frieden«. Seine Zeitung, die 1925 nach Stuttgart umzog, wurde zu einem der wichtigsten kritischen Wochenblätter Deutschlands, denn anders als viele Kollegen schrieb er auch über Löhne und Preise, Mitbestimmung und Großindustrie, nicht nur über Kultur und Politik. Und unter seinen Mitarbeitern waren nicht nur Hermann Hesse oder Maxim Gorki, sondern auch Marktfrauen, Handwerker, Bauern und Pfarrer, auch wenn er seiner Zeitung hin und wieder Kirchenaustrittsformulare beilegte.

■ *Bereits 1933 war Schairers Sonntags-Zeitung kurzzeitig verboten.*

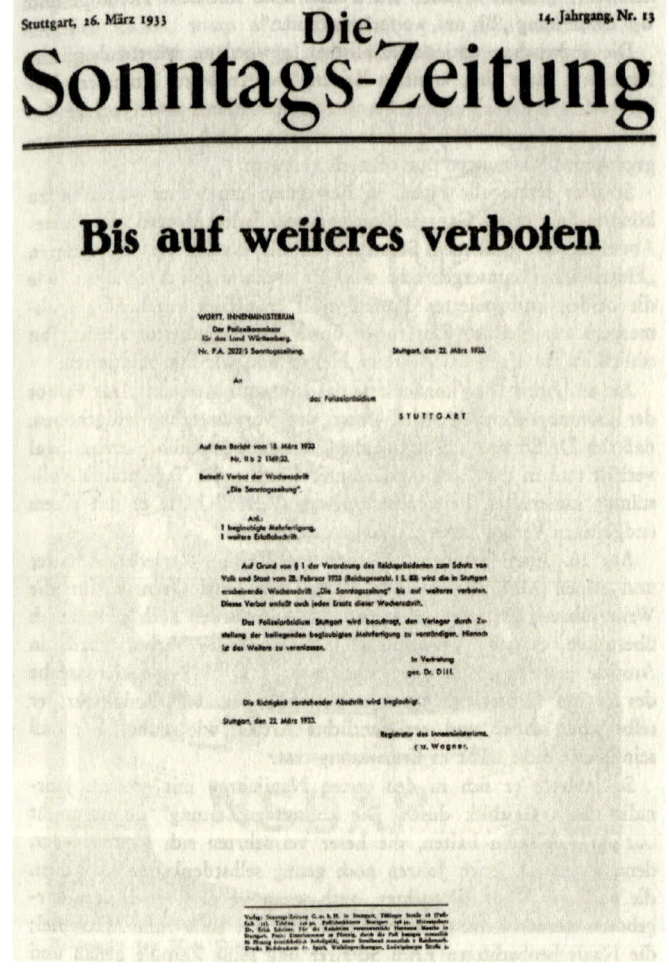

Die Auflage stieg bis 1933 auf 10 000, bis 1936 konnte er noch lavieren, vor allem weil er in der lokalen Parteispitze Unterstützer hatte. Dennoch verhörte ihn die Gestapo regelmäßig, bis die Zeitung dann 1936 doch noch verboten wurde. Den Krieg überlebte er als Weinvertreter und Reichsbahngehilfe, danach wurde er wieder Journalist, erst in Tübingen, dann in Stuttgart, 1956 starb er in Schorndorf.

1922 Oskar Schlemmers »Triadisches Ballett« wird in Stuttgart uraufgeführt

Im Jahr 1919 gab es die einmalige Gelegenheit, Paul Klee als Lehrer an die Stuttgarter Kunstakademie zu berufen, als Adolf Hölzel, Verfechter der abstrakten Malerei, resigniert von seinem Amt zurücktrat. Aber die Konservativen setzten sich durch, ein Stuttgarter Journalist bezeichnete das als »professorale Selbstvernichtung«. Einer, der Klee unterstützt hatte, war Hölzels ehemaliger Meisterschüler Oskar Schlemmer. 1888 in Stuttgart geboren, war er 1918 Delegierter im »Rat geistiger Arbeiter«. 1921 wurde Schlemmer an das Bauhaus in Weimar berufen, wo er mit Johannes Itten die Abteilung »Wandmalerei« leitete, ein Jahr später die Metallwerkstatt, und

■ *Oskar Schlemmer (1888–1943) war ein deutscher Maler, Bildhauer und Bühnenbildner.*

Skizze zu Schlemmers Ballettfiguren aus dem Jahr 1921.

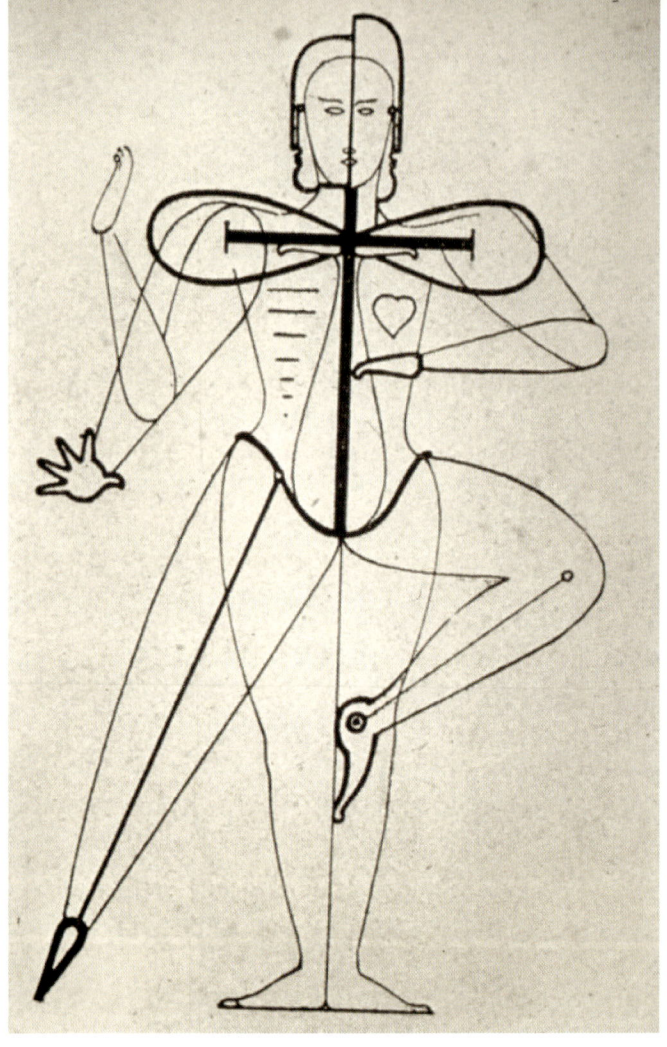

Stein- und Holzbildhauerei lehrte, ab 1923 war er Leiter der Bühnenwerkstatt.

Denn Malerei und Bildhauerei reichten ihm nicht mehr, er sei zu modern dafür. Jetzt reizte ihn das Theater, weil er damit etwas Sinnlicheres schaffen konnte, eine Raumerfahrung. Schon 1921 baute Schlemmer Bühnenbilder und entwarf Kostüme für Operneinakter von Franz Blei und Oskar Kokoschka. Ein Jahr später wagte Schlemmer ein eigenes Stück, das 1922 in Stuttgart uraufgeführt wurde: das

»Triadische Ballett«, mit Musik von Paul Hindemith, den er 1920 kennengelernt hatte. Erste Skizzen hatte Schlemmer bereits 1912 gemacht, als er Albert Burger (1884–1970) und Elsa Hötzel (1886–1966) kennengelernt hatte, zwei Solotänzer am Hoftheater, die auch mit freien Formen experimentierten. An der Choreographie seines »Triadischen Balletts« hatten beide entscheidenden Anteil. Schlemmer war der dritte Tänzer.

Sein »Triadisches Ballett« bestand aus zwölf Tänzen, mit achtzehn Kostümen. Triadisch (von griechisch: Dreiklang) meint die dreifache Ordnung, die dem Gesamtkunstwerk zugrunde liegt: Kostüm, Bewegung und Musik zum einen, Raum, Form und Farbe zum zweiten, Höhe, Breite und Tiefe als Dreidimensionalität, Kreis, Quadrat und Dreieck und die Grundfarben Rot, Gelb und Blau. Das Ballett hat dabei durchaus komische Elemente, spielt mit den geometrischen Formen und den phantasievollen, immer komplizierter werdenden Kostümen, die Schlemmer aus Metall und Holz konstruiert hatte, die damit für die Tänzer sehr sperrig waren.

1929 wurde Schlemmer Professor in Breslau, 1932 in Berlin, bis die Nazis ihn als »entartet« entließen. Er lebte zuerst in Südbaden, ging dann wieder nach Stuttgart, wo er in einem Malergeschäft arbeitete, später in einem Labor in Wuppertal, 1943 starb er in einem Sanatorium in Baden-Baden.

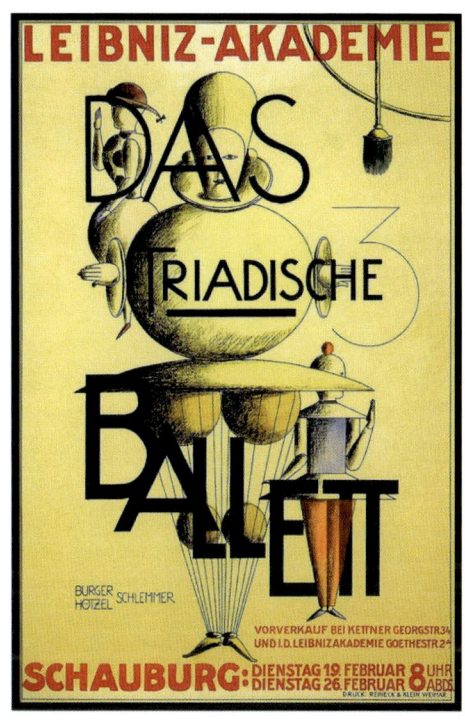

■ *Plakat für eine nicht realisierte Aufführung des »Triadischen Balletts« in Hannover.*

1933 Württemberg wird nationalsozialistisch

■ Wilhelm Murr (1888–1945), Gauleiter von Württemberg-Hohenzollern und Reichsstatthalter in Württemberg.

Der Aufstieg der NSDAP war unaufhaltsam, auch im deutschen Südwesten. Bis 1928 war die Partei noch unbedeutend, aber dann erreichte die Weltwirtschaftskrise auch Deutschland, die nationale Propaganda der NSDAP traf den Nerv der Zeit. Bei den Reichstagswahlen 1930 bekam sie in Württemberg schon 9 Prozent. 1932, bei den Landtagswahlen, wurde sie schon stärkste Kraft. Im Stuttgarter Parlament kam es bei fast jeder Sitzung zu Krawallen, von der NSDAP oder den Kommunisten initiiert.

Am 30. Januar 1933 wurde Adolf Hitler Reichskanzler. Der Terror begann mit dem Ermächtigungsgesetz vom März 1933, dem »Gesetz zur Behebung der Not von Volk und Reich«, dem alle Parteien außer der SPD und der KPD zustimmten. Es berechtigte die Regierung zu außergewöhnlichen Maßnahmen in Notzeiten und Staatskrisen: Die Gewaltenteilung und manche Grundrechte wie die Meinungs-, Presse- und Versammlungsfreiheit wurden dabei außer Kraft gesetzt. Kommunisten und Sozialdemokraten wurden eingeschüchtert, manche in »Schutzhaft« genommen, die Länderregierungen waren gezwungen, den Anordnungen aus Berlin nachzukommen. 41 Prozent der Wähler in Württemberg stimmten für die NSDAP.

Die Parlamente wurden aufgelöst, die Regierungen abgesetzt und durch Parteigenossen ersetzt wie Wilhelm Murr (1888–1945) aus Esslingen. Die Überwachung und Kontrolle der Bevölkerung wurden immer stärker. KZs wurden gebaut, in Heuberg bei Stetten, wo unter anderem Fritz Bauer und Kurt Schumacher einsaßen, auf dem Oberer Kuhberg bei Ulm und in Welzheim. SPD, KPD und die Gewerkschaften wurden verboten, Hochschulen, Schulen und Vereine gesäubert. Andererseits wurden Wohnungen und Eigenheime gebaut, Bevölkerung und Industrie profitierten von den Rüstungsprogrammen, so auch der Waffenfabrikant Mauser in Oberndorf.

Der Terror gegen die Juden begann 1933 mit dem Boykott jüdischer Geschäfte, in Creglingen wurden zwei Juden totgeprügelt, Beamte, Rechtsanwälte und Ärzte bekamen Berufsverbot, ihr Vermögen wurde eingezogen. 1936 wurden viele Geschäfte »zwangsarisiert«, so auch die Kaufhäuser Tietz und Knopf. 1938 nutzten die Nazis den Mord des

■ *NS-Veranstaltung in der Aula der Tübinger Universität.*

Auch der Deutsche Wandertag 1938 in Stuttgart findet unter Hakenkreuzfahnen statt.

17-jährigen Herschel Grynszpan am deutschen Legationssekretär Ernst Eduard vom Rath in Paris und demolierten jüdische Einrichtungen, Geschäfte und Privatwohnungen, zwölf Synagogen wurden völlig zerstört, unter anderem in Stuttgart, Heilbronn, Ludwigsburg, Ulm und Tübingen, 20 schwer beschädigt. Am 1. Dezember 1941 wurden die ersten 1000 Württemberger Juden, die in ein Sammellager in Stuttgart getrieben worden waren, nach Riga deportiert und ermordet, 1943 gab es keine Juden mehr in Stuttgart, es war »judenfrei«. Nur wenige überlebten.

1939 Georg Elser aus Hermaringen versucht, Hitler zu ermorden

Widerstand im Nationalsozialismus war schwierig. Zu viele Deutsche waren willige Vollstrecker oder Mitläufer, zu eng war das Netz der Bespitzelung und Denunziation, zu viel Angst verbreiteten Gestapo, SA, SS und die Konzentrationslager, in die man auch ohne Gerichtsurteil kommen konnte.

Organisierten Widerstand gab es kaum, die meisten zeigten im Kleinen ihre Verweigerung, sagten »Grüß Gott« statt »Heil Hitler«, oder »vergaßen«, die vorgeschriebenen Flaggen aufzuziehen. Warnten oder versteckten jüdische oder kommunistische Nachbarn, verhalfen ihnen zur Flucht. Es wurden heimlich Sender gehört, Flugblätter mit verbotenen Nachrichten gedruckt und verteilt. Der Stuttgarter Rudolf Formis, bis 1933 Techniker beim Süddeutschen Rundfunk, sendete Nachrichten von einem Gasthof bei Prag. 1935 wurde er von SS-Angehörigen erschossen. In Mühlacker gaben Ernst Berties und Theodor Hettler eine kommunistische Ortszeitung heraus, sie wurden verhaftet und kamen ins KZ. Manche Industrielle wie Alex Haffner, der Generaldirektor der Salamander-Schuhfabrik in Kornwestheim, oder Robert Bosch konnten ihre Distanz

■ *Georg Elser (1903–1945) war ein Widerstandskämpfer gegen den Nationalsozialismus.*

Hitler hält eine Rede im Münchener Bürgerbräukeller.

zum Regime bewahren: Sie beschäftigten möglichst keine Nationalsozialisten und waren wegen ihrer wirtschaftlichen Bedeutung nicht so leicht angreifbar.

Schon früh entschloss sich der Schreiner Georg Elser, Hitler zu ermorden, um den Krieg zu stoppen. Er wusste, dass Hitler jedes Jahr am 8. November, am Jahrestag des Putsches von 1923, eine Rede im Münchener Bürgerbräukeller hielt. 1939 sollten auch Joseph Goebbels, Heinrich Himmler, Martin Bormann und »Stürmer«-Herausgeber Julius Streicher unter den Zuhörern sein. Elser verschaffte sich Sprengstoff aus einem Steinbruch in Königsbronn und begann im August 1939 in mühevoller Kleinarbeit, eine Säule in der Nähe des Rednerpults auszuhöhlen, den Sprengkörper einzubauen und mit einem Zeitzünder zu versehen.

Das Attentat misslang, weil Hitler seine Rede früher als vorgesehen abbrach. Er konnte wegen Nebels nicht fliegen, sondern musste mit dem Zug nach Berlin zurückfahren. Als die Bombe explodierte, war die Nazi-Führung schon weg. Elser wurde in Konstanz verhaftet, als er versuchte, in die Schweiz zu fliehen. Im April 1945 wurde er auf Befehl Hitlers im KZ Dachau ermordet.

Fünf Jahre nach Elser versuchten Offiziere noch einmal ein Attentat auf Hitler. Einer von ihnen war Claus Schenk Graf von Stauffenberg. Geboren im schwäbischen Jettin-

gen bei Günzburg, machte der Berufssoldat bereits vor 1933 Karriere und nahm am Polen- und am Frankreichfeldzug teil. Überzeugt davon, dass nur das Militär einen Putsch erfolgreich durchführen konnte, versuchte eine heterogene Gruppe aus konservativen, meist adligen, nationalistischen und sogar antisemitischen Offizieren, Hitler am 20. Juli 1944 zu ermorden. Es misslang. Beteiligt waren auch der Rottenburger Zentrumspolitiker Eugen Bolz und der Theologe Eugen Gerstenmaier aus Kirchheim. Auch dem Stuttgarter Generalfeldmarschall Erwin Rommel, als »Wüstenfuchs« bekannter Kriegsheld, wurde eine Nähe zu den Attentätern nachgesagt. Ihm wurde gestattet, »ehrenvollen Suizid« zu begehen, er bekam danach ein Staatsbegräbnis.

Auch die »Weiße Rose« scheiterte. Hans und Inge Scholl, in Ulm aufgewachsen, hatten sich mit Willi Graf, Christoph

■ *Das Attentat misslang, weil Hitler vorzeitig nach Berlin zurückgefahren war.*

Probst und Alexander Schmorell ab 1942 in München zusammengetan, wo sie studierten. Gemeinsam schrieben sie ab Sommer 1942 sechs Flugblätter gegen den Krieg und verteilten sie. Nach dem letzten wurden sie entdeckt, verhaftet und hingerichtet.

Und auch der kirchliche Widerstand gefährdete das Regime nicht, weder der katholische noch die »Bekennende Kirche«: Die war als Reaktion auf die von den Nazis dominierten Landeskirchen gegründet worden, die von den Geistlichen den Eid auf Adolf Hitler forderten. Der Eberbacher Pfarrer Hermann Diem weigerte sich: »Das hieße, den Staat zum Richter über Gottes Wort und Reich einsetzen, wozu er nicht berufen ist.«

Schon im März 1933 hatte der evangelische Pfarrer Hermann Umfrid im hohenlohischen Niederstetten gegen den Terror gepredigt: Wenige Tage zuvor hatten Heilbronner SA-Männer alle jüdischen Männer ins Rathaus getrieben und viele von ihnen zusammengeschlagen. Nach einem Jahr Terror gegen ihn beging er 1934 Selbstmord. Papst Pius I. verfasste 1937 die Enzyklika »Mit brennender Sorge«, 1942 protestierten die Kirchen öffentlich gegen die Judendeportation.

Einen kleinen Erfolg hatten die Kirchen in ihrem Protest gegen die »T4«-Aktion (so genannt nach der Berliner Tiergartenstraße 4, der Zentrale der Aktion): 1939 richteten die Nationalsozialisten Tötungsanstalten ein, in denen Behinderte als »unwertes Leben« umgebracht wurden, unter anderem in Grafeneck auf der Schwäbischen Alb. Viele kamen aus christlichen Heimen, und es protestierten nicht nur die Mitarbeiterinnen und Leiter, sondern auch prominente Geistliche wie der Bischof der Diözese Rottenburg, Joannes Baptista Sproll, sein Generalvikar Max Kottmann und der Landesbischof der Evangelischen Kirche in Württemberg, Theophil Wurm. Vor allem ihre öffentlichen Proteste bewirkten den Abbruch der »Erwachseneneuthanasie« im August 1941.

1940 Tötungsanstalt Grafeneck

Am 31. Januar 1941 schrieb Joseph Goebbels in sein Tagebuch: »Frage der stillschweigenden Liquidierung von Geisteskranken besprochen. 40 000 sind weg, 60 000 müssen noch weg. Das ist eine harte, aber auch notwendige Arbeit. Und sie muss jetzt getan werden.« In sechs Tötungsanstalten sollte das »unwerte Leben« vernichtet werden, eine davon war das ehemalige Jagdschloss Grafeneck bei Gomadingen im Kreis Reutlingen, in dem ab 1928 ein Behindertenheim untergebracht war.

Schloss Grafeneck war Schauplatz der Ermordung von über 10 000 Menschen.

■ *In grauen Bussen wurden die Behinderten und psychisch Kranken nach Grafeneck gebracht.*

1939 wurde das Schloss beschlagnahmt und geräumt, danach umgebaut: Eine Holzbaracke, als »Duschraum« deklariert, wurde zur Gaskammer, drei Krematoriumsöfen kamen dazu. Das Schloss lag im Wald, durch einen Zaun von der Öffentlichkeit abgeschirmt und von der SS strengstens bewacht. Das neue Personal wohnte auf dem Gelände: Ärzte, Bürokräfte, Transport-, Wirtschafts- und Hauspersonal ebenso wie die Wachmannschaften und die, die die Leichen verbrennen mussten.

Um die Morde so weit wie möglich zu verschleiern, wurden die Behinderten aus anderen Anstalten oft zuerst in Übergangsheime gebracht, von wo sie in die Tötungsfabriken weitergeschickt wurden – die Todesmeldungen mit den erfundenen Todesursachen kamen aus weiter entfernten Anstalten, sodass die Angehörigen sie dort nicht besuchen oder ihre Leichen einfordern konnten.

Ab dem 18. Januar 1940 wurden in Grafeneck über 10 000 Behinderte und psychisch Kranke aus Baden, Württemberg, Bayern und Hessen vergast. Bereits im Dezember mussten die Morde in Grafeneck eingestellt werden: Die Geheimhaltung war gescheitert. Nicht nur Eltern, Angehörige und Heimmitarbeiter protestierten gegen diese »Aktion T4«, sondern auch viele hochrangige Geistliche, die öffentlich von der Kanzel gegen den Mord predigten, so der Bischof von Münster, Clemens August Graf von Galen, der Bischof der Diözese Rottenburg, Joannes Baptista Sproll, sein Generalvikar, Max Kottmann, der Landesbischof der Evangelischen Kirche in Württemberg, Theophil Wurm.

■ *Horst Schumann (1906–1983) baute die Tötungsanstalt Grafeneck auf.*

Die Angestellten von Grafeneck kamen in die Tötungsanstalt Hadamar bei Limburg, wo sie bis August 1941 weitermordeten. In Grafeneck hatte der »industrielle Massenmord« begonnen, hier sammelten die Täter erste Erfahrungen: Dr. Horst Schumann (1906–1983), erster Leiter von Grafeneck, war ab Herbst 1942 Lagerarzt in Auschwitz, der Stuttgarter Polizeikommissar Christian Wirth, der die ersten Vergasungen in Grafeneck leitete, wurde 1941/42 zum ersten Kommandanten des Vernichtungslagers Belzec in Polen und später Generalinspekteur der Vernichtungslager Belzec, Treblinka und Sobibor.

1944 Zerstörung von Heilbronn

Anfangs siegten die Nazis im Zweiten Weltkrieg. Aber als 1941 die USA in den Krieg eintraten und im Winter 1942/43 die Schlacht um Stalingrad zu Ende war, war er eigentlich schon verloren. Jetzt wurden auch die Fliegerangriffe auf deutsches Gebiet häufiger, vor allem 1944 und 1945 gab es verheerende Angriffe auf Städte, auch in Württemberg.

Und nicht immer bombardierten sie militärische Ziele wie in Friedrichshafen, wo die Alliierten eine wichtige Kriegsproduktion in den Zeppelinwerken vermuteten. Bei dem Angriff aber zerstörten sie 1943 zufällig die Produktion der V2-Rakete, von der sie nichts wussten, in Memmingen griffen sie im März 1944 einen Fliegerhorst an,

■ *Das zerbombte Heilbronn.*

in Stuttgart unter anderem Daimler-Benz und Bosch, die Hirth-Motorenwerke und das Karosseriewerk Reutter, in Ulm die LKW-Fabriken Magirus-Deutz und Kässbohrer – alles kriegswichtige Fabriken.

Ab April 1944 beschossen sie aber auch systematisch Wohngebiete. In Stuttgart, in dessen Talkessel ein wahrer Feuersturm ausbrach, starben im September 1944 fast 1000 Menschen. Einen besonders schlechten Namen machte sich der englische Luftmarschall Arthur Harris, genannt »Bomber-Harris«. Sein erklärtes Ziel war es, die deutsche Zivilbevölkerung durch Flächenbombardements und die

■ *Alliierte Luftaufnahme vom Ausmaß der Zerstörungen in Heilbronn.*

■ *Flächenbombardements durch britische Bomber.*

anschließenden Feuersbrünste zu demoralisieren: Sprengbomben, Luftminen und danach Brandbomben – das war die Taktik der Royal Air Force.

Einige der schwersten Angriffe flog sie gegen Heilbronn. Oft wurde die Stadt angegriffen, die Eisenbahnlinien, der Güterbahnhof und der Kanalhafen waren strategische Ziele. Ebenso die Kriegsindustrie: die Heeresmunitionsanstalt in Siegelsbach oder die Rüstungsbetriebe in den Stollen des Neckartals.

Im September und Oktober wurde heftig bombardiert, am schlimmsten aber war es am Abend des 4. Dezember 1944, als Heilbronn Ziel von 282 Flugzeugen war. In knapp zwanzig Minuten wurden tausende Pfund an Bomben abgeworfen. Die gesamte Altstadt wurde zerstört, was nicht zerbombt wurde, verbrannte. Da die meisten Menschen in ihre Luftschutzkeller flüchteten, verbrannten sie elend, wurden verschüttet, von Trümmern erschlagen, sie erstickten oder starben im Rauch an Kohlenmonoxidvergiftung. Über 6500 Menschen wurden in diesen zwanzig Minuten getötet, darunter etwa 1000 Kinder. Wie viele Opfer es genau waren, konnte man nicht feststellen, von vielen Toten war nichts mehr übrig geblieben. Aus Stuttgart, Ulm und anderen Städten wurden Särge geliefert, weil Heilbronn nicht genug hatte, die meisten Toten wurden in Sammelgräbern bestattet. Drei Wochen dauerte das Bergen der Leichen, da die Innenstadt nur noch ein einziges Trümmerfeld war.

1949 *Theodor Heuss wird erster Bundespräsident*

»In den Zeitungen habe ich in den letzten Tagen allerhand seltsame Dinge von mir lesen können – nette Sachen – auch, dass mir die ›Ellbogenkraft‹ fehle, die zum Politiker gehöre. Ich selber habe das Gefühl: von der Ellbogenpolitik haben wir reichlich genug gehabt.« Das waren die Worte von Theodor Heuss, als er im September 1949 gerade zum ersten Bundespräsidenten gewählt worden war. Es war eine gute Wahl: Heuss war ein Liberaler,

Theodor Heuss mit seiner Frau Elly Heuss-Knapp und seinem Sohn Ernst Ludwig.

Theodor Heuss als Bundespräsident im Gespräch mit Kanzler Konrad Adenauer.

der den jungen Staat in aller schwäbischer Ruhe (und mit schwäbischem Akzent), mit einem scharfen Verstand und viel Humor repräsentierte.

Eine offene und faire Demokratie im Inneren, eine »Entkrampfung der Deutschen« und die Aussöhnung mit den ehemaligen Feinden, das war sein Programm. Damit wurde er auch zur moralischen Autorität, die Deutschland bitter nötig hatte. Und ein Gegengewicht zum Bundeskanzler Konrad Adenauer, der eher die politische Autorität verkörperte.

Heuss stammte aus dem schwäbischen Bürgertum und wurde 1884 in Brackenheim bei Heilbronn geboren. Er studierte Nationalökonomie, Literatur, Geschichte, Philosophie, Kunstgeschichte und Staatswissenschaften in München und Berlin. Wurde 1905 Redakteur, 1918 Gründungsmitglied der Deutschen Demokratischen Partei DDP, 1920 Dozent für Politik in Berlin und 1924 Abgeordneter im

Reichstag. 1936 bekam er Publikations- und Berufsverbot, seine Frau Elly Heuss-Knapp (1881 bis 1952) verdiente Geld in der Werbung, ihr wird die Erfindung des Jingles zugesprochen. Heuss schrieb in der Zeit Biografien, über Friedrich Naumann und Justus von Liebig, und Artikel unter Pseudonym, auch für die Nazizeitung »Das Reich«.

Nach dem Krieg gründete er die Demokratische Volkspartei DVP mit, die 1948 in der FDP aufging, wurde der erste Kultusminister Württemberg-Badens und Professor für Geschichte an der TH Stuttgart. 1948 war er Mitglied des Parlamentarischen Rats, der das Grundgesetz erarbeitete. Und 1949 dann Bundespräsident, zehn Jahre lang. Er förderte die »Schutzgemeinschaft Deutscher Wald« und die »Deutsche Künstlerhilfe«, und mit seinen Staatsbesuchen in Griechenland und der Türkei beendete er die diplomatische Isolation Deutschlands. Die Times schrieb 1963 in ihrem Nachruf, er sei ein »Gelehrter und Gentleman« gewesen und habe »das Image des Landes als eins der Dichter, Philosophen und Musiker« wiederhergestellt. Eine »Kollektivschuld« der Deutschen lehnte Heuss ab, eine »Kollektivscham« bejahte er. Und die Nationalhymne lehnte er ab: Die erste Strophe passe nicht mehr, die zweite sei »schon immer trivial gewesen, die dritte allein für sich zu wenig«.

■ *Theodor Heuss (1884–1963), der erste Bundespräsident der Bundesrepublik Deutschland.*

1951 Abstimmung über das Land Baden-Württemberg

Der Unmut schwelt in Baden heute noch. Ein bisschen. 1951 stimmten die Badener und die Württemberger darüber ab, ob sie zusammen einen »Südweststaat« bilden wollten oder zwei Bundesländer, Baden und Württemberg. Während in Nord- und Südbaden ins-

■ *Plakat für die Unabhängigkeit Badens.*

gesamt 52 Prozent für ein eigenständiges Baden waren, in Südbaden sogar 62, war das Gesamtergebnis eindeutig: Knapp 70 Prozent aller Einwohner wollten das gemeinsame Land. 1970, nachdem das Bundesverfassungsgericht aufgrund der Proteste der Badener eine neue Abstimmung anordnete, waren 81 Prozent der Badener für Baden-Württemberg – die Gemeinsamkeit hatte sich durchgesetzt.

1952 wählte die Verfassunggebende Versammlung den ersten Ministerpräsidenten, Reinhold Maier. Er bildete eine Koalition aus SPD, FDP/DVP und BHE (Bund der Heimatvertriebenen und Entrechteten). Die CDU, die stärkste Fraktion, verwies er in die Opposition. Die Sitzung, auf der er gewählt wurde, war deswegen stürmisch und mehrfach von Zwischenrufen, Unmutsäußerungen und Unruhe unterbrochen. Als die CDU bei der nächsten Wahl, der Bundestagswahl 1953, in Baden-Württemberg die absolute Mehrheit erreichte, trat Maier zurück und überließ Gebhard Müller das Amt, der mit allen Parteien außer der KPD regierte. Sein Nachfolger wurde 1958 Kurt Georg Kiesinger, bis 1966, als er Bundeskanzler wurde.

■ *Für die Befürworter war der Südweststaat ein erster Schritt Richtung vereintes Europa.*

■ *Reinhold Maier wurde der erste Ministerpräsident des neuen Bundeslandes Baden-Württemberg.*

Wie Maier waren auch Kiesinger und Müller heftige Befürworter des gemeinsamen Landes.

Nach dem Zweiten Weltkrieg waren die Länder von den Amerikanern und den Franzosen besetzt: Die Amerikaner hatten sich den Norden gesichert, Nordbaden und Nordwürttemberg, die Franzosen den Süden. Ab 1948 trafen sich die Regierungschefs von Württemberg-Baden (Reinhold Maier, FDP), Südbaden (Leo Wohleb, CDU) und Württemberg-Hohenzollern (Gebhard Müller, CDU). Maier und Müller waren von vornherein für das gemeinsame Bundesland, Wohleb für ein unabhängiges Baden. Die CDU war damit gespalten, denn auch die CDU in Südbaden wollte eine getrennte Abstimmung: »Sei sie weniger die Christlich-Demokratische Union in Baden als in erster Linie eine badische Partei, die unter allen Umständen badische Politik treiben müsse, auch auf die Gefahr hin, dadurch in Konflikt mit der Bundes-CDU oder der CDU Württembergs zu kommen«, sagte Wohleb. Die Bundesregierung entschloss sich 1951, die Wahl nach dem Modell von Kurt Georg Kiesinger aus Südwürttemberg anzuordnen, nämlich alle zusammen abstimmen zu lassen. Die Verfassungsklage von Wohleb wurde abgewiesen: Sechs Verfassungsrichter hatten dafür, sechs dagegen gestimmt, damit war es entschieden: Es hätte eine Mehrheit erfordert, ein Verfahren zu eröffnen.

1953 *Kultureller Aufschwung*

Nach dem Ende der Naziherrschaft und nach dem Krieg waren die Württemberger nicht nur hungrig nach Essen und Wohnungen, sondern auch nach Kultur. Vor allem die Franzosen, aber auch die Amerikaner förderten die Gründung von Hochschulen und die Wiedereröffnung der Theater. Die folgenden Regierungen führten das weiter. Vor allem Kurt Georg Kiesinger (CDU), von 1958 bis 1966 Ministerpräsident, war es wichtig, nicht nur das Land zu einigen, Badener und Württemberger zusammenzubringen, sondern es auch zu »entprovinzialisieren«,

Die Gebäude der Hochschule für Gestaltung auf dem Oberen Kuhberg in Ulm.

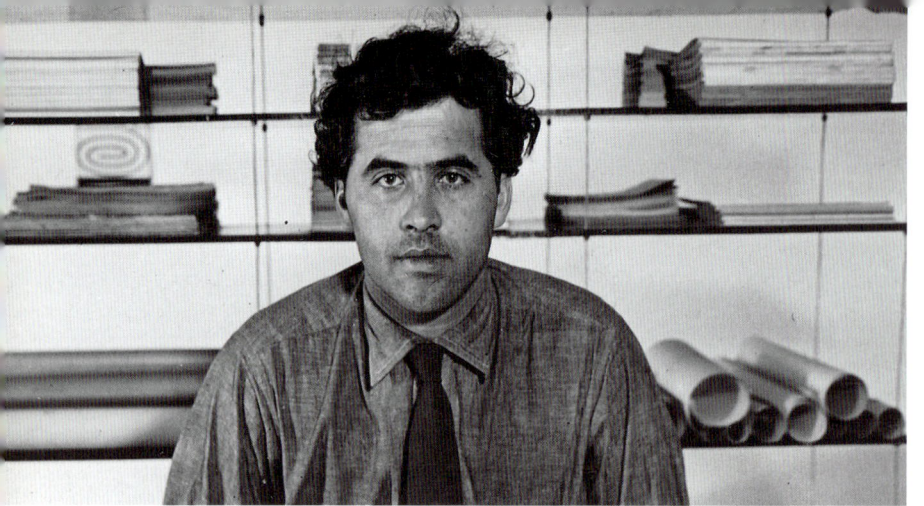

■ *Otl Aicher (1922–1991), einer der prägendsten deutschen Gestalter und Grafikdesigner des 20. Jahrhunderts.*

wie er sagte. Er schuf damit ein offenes Klima für die Kultur, das zu Spitzenleistungen in vielen Gebieten führte. Er gründete 1959 die Universität Konstanz, 1960 in Ulm eine Ingenieurschule. Ab 1961 leitete der weltberühmte John Cranko das Stuttgarter Ballett, die Stuttgarter Staatsgalerie entwickelte sich zu einem renommierten Museum, 1967 wurde die Universität Ulm gegründet, in Ludwigsburg 1966 die Pädagogische Hochschule, und 1974 kam Claus Peymann als Chef des Schauspiels nach Stuttgart.

Der erste Schritt zu einer kulturellen Neuerschaffung des Landes war die Gründung der weltberühmten Hochschule für Gestaltung 1953 in Ulm. Gründungsmitglieder waren der Grafikdesigner Otl Aicher (1922–1991), der Architekt und Künstler Max Bill (1908–1994) und die Schriftstellerin Inge Aicher-Scholl (1917–1998), Schwester von Hans und Sophie Scholl, den hingerichteten Mitgliedern der »Weißen Rose«. Sie führte die Tradition des Bauhauses fort. Unter den ersten Lehrern waren die renommierten Bauhauskünstler Josef Albers und Johannes Itten, die Absolventen der HfG wurden vor allem als Designer in Deutschland berühmt. 1968 musste der Lehrbetrieb aus finanziellen Gründen eingestellt werden.

Ende der 50er-Jahre taten sich einige Autoren und Künstler in Stuttgart zusammen, der Philosoph Max Bense

(1910–1990), Professor in Stuttgart und an der HfG Ulm, die Schriftsteller Helmut Heißenbüttel (1921–1996), Reinhard Döhl (1934–2004), Ludwig Harig (geb. 1927), Franz Mon (geb. 1926), der Künstler Günter Neusel (geb. 1930) und der Typograph Hansjörg Mayer (geb. 1943) und ab 1963 Ernst Jandl (1925–2000). Sie bildeten keine feste Gruppe, hatten aber als gemeinsames Interesse die Schnittstelle zwischen visueller und konkreter Poesie und experimentierten auch

■ *Max Bense (1910–1990) war ein deutscher Philosoph, Schriftsteller und Publizist.*

mit künstlich erzeugten Texten. Sie waren international mit Frankreich, Brasilien, der Tschechoslowakei und Japan vernetzt und erforschten wissenschaftlich und künstlerisch die Grenzen zwischen den Kunstarten: Sie wollten »das Produzieren von Kunst mit dem Reden über Kunst« verbinden, wie Reinhard Döhl sagte.

Schon in den 40er-Jahren war der englische Choreograf John Cranko (1927–1973) weltberühmt, vor allem für seine Inszenierung von Debussys »Children's Corner« 1947 und »Beauty and the Beast« 1949. Nach vielen weiteren Erfolgen wurde er 1961 Direktor des Stuttgarter Balletts. Noch heute berühmt sind seine Inszenierungen von »Romeo und Julia« (1962), »Onegin« nach Alexander Puschkin (1965) oder »Der Widerspenstigen Zähmung« (1969), die er mit noch jungen Spitzentänzern besetzte wie Marcia Haydée, Egon Madsen, Richard Cragun und Birgit Keil. Er lud George Balanchine, John Neumeier und William Forsythe ein zu inszenieren. Seine eigenen Arbeiten zeichneten sich vor allem durch Gradlinigkeit aus, mit der er Geschichten erzählen konnte, und die Art des Zusammenspiels beim Tanz. Man sprach schnell vom »Stuttgarter Ballettwunder«. Neben vielen anderen führte auch Marcia Haydée (geb. 1937), die auch mit Rudolf Nurejew getanzt hatte, seine Arbeit fort.

Als Enfant terrible zeigte sich ein anderer Theatermann, der das Schauspiel Stuttgart berühmt machte: Claus Peymann (geb. 1937). Der in Bremen geborene Regisseur war an Theatern in Frankfurt und Berlin, wo er mit dem Intendanten Peter Stein nicht zurechtkam. 1974 wurde er Schauspieldirektor in Stuttgart. Seine Inszenierungen wurden international gerühmt, er führte Regie bei Uraufführungen von Peter Handke, Elfriede Jelinek und Thomas Bernhard, der für ihn das Stück schrieb: »Claus Peymann kauft sich eine Hose und geht mit mir essen.« Auch seine Inszenierungen von Klassikern wie Goethes »Faust« (beide Teile) und »Iphigenie« oder Tschechows »Drei Schwestern« wurden

von den Kritikern meist hymnisch gefeiert. Am Schluss seiner Intendanz fand der Großkritiker Peter Iden, sein Ensemble sei »eines der lebendigsten, in seinen Ausdrucksmöglichkeiten reichsten des deutschsprachigen Theaters«.

Der bekennende Linke Peymann wurde entlassen, als er einen Aufruf von Gudrun Ensslins Eltern veröffentlichte, die um Geld für einen Zahnersatz für die in Stammheim inhaftierte RAF-Terroristin baten. Ministerpräsident Hans Filbinger, der kurze Zeit danach wegen seiner Nazivergangenheit zurücktreten musste, setzte ihn unter Druck. Der Stuttgarter Oberbürgermeister Manfred Rommel erreichte, dass er wenigstens bis zum Ende seiner Vertragszeit in Stuttgart bleiben konnte. Peymann ging danach ans Schauspielhaus Bochum. Unter seiner Intendanz wurde das Schauspiel Stuttgart dreimal in Folge zum Theater des Jahres gewählt. Übrigens wurde die Oper unter dem Intendanten Klaus Zehelein gleich sechsmal zur Oper des Jahres gekürt.

■ *Unter John Cranko (1927–1973) wurde Stuttgart zum Mekka der Ballettkunst.*

1960 Fritz Bauer lässt Adolf Eichmann vom Mossad entführen

»Wenn ich mein Dienstzimmer verlasse, betrete ich feindliches Ausland«, soll er gesagt haben. Da war Fritz Bauer Generalstaatsanwalt in Braunschweig und hatte sich schon einige Jahre seiner wichtigsten Aufgabe gewidmet: die nationalsozialistischen Mörder zu fassen und zu verurteilen. Das war nicht einfach. Die deutsche Justiz war mit alten Nationalsozialisten durchsetzt, die nach dem Krieg rehabilitiert worden waren; man brauchte Juristen, und es gab kaum unbelastete. Auch die deutsche Öffentlichkeit beschäftigte sich nicht mit ihrer Vergangenheit. Und selbst Auschwitz war den meisten Deutschen kein Begriff. Dass sich das änderte, ist vor allem das Verdienst von Fritz Bauer.

■ *Fritz Bauer (1903–1968) in den Sechzigerjahren in seinem Frankfurter Büro.*

1903 in Stuttgart geboren, engagierte er sich in der jüdischen Gemeinde und beschäftigte sich intensiv mit Thora und Talmud. 1920 trat er in die SPD ein, studierte Jura in Heidelberg und Tübingen, wurde 1930 Amtsrichter in Stuttgart. 1933 wurde Bauer von den Nationalsozialisten aus dem Dienst entlassen, er und Kurt Schumacher kamen acht Monate lang ins KZ Heuberg. 1936 flüchtete Bauer nach Dänemark, dann weiter nach Schweden, wo er mit Willy Brandt die Exilzeitschrift »Sozialistische Tribüne« gründete.

1949 kehrte er nach Deutschland zurück. Wurde Landgerichtsdirektor, 1950 Generalstaatsanwalt in Braunschweig, ab 1956 in Frankfurt am Main. Einer seiner ersten Fälle als Generalstaatsanwalt machte ihn deutschlandweit bekannt, 1952 war er Ankläger im »Remer-Prozess«: Otto Ernst Remer war ein Wehrmachtsoffizier, der bei der Niederschlagung des Putschs vom 20. Juli 1944 geholfen hatte und die Attentäter 1951 als »gekaufte Landesverräter« bezeichnete. Er wurde wegen übler Nachrede und Ver-

■ *1963 begann in Frankfurt der Auschwitz-Prozess.*

■ *Adolf Eichmann bei seinem Prozess in Jerusalem.*

unglimpfung des Andenkens Verstorbener verurteilt. Das war das erste Mal, dass die Männer vom 20. Juli als Widerstandskämpfer offiziell anerkannt wurden.

1959 begannen auf Bauers Initiative die Ermittlungen gegen die SS-Bewacher des KZ Auschwitz. 1960 verriet Bauer dem israelischen Geheimdienst Mossad den Aufenthaltsort Adolf Eichmanns in Argentinien (er war bereits seit 1952 dem deutschen Geheimdienst bekannt), er hatte wohl Angst, dass Deutsche ihn warnen würden. Der Mossad entführte Eichmann und stellte ihn in Jerusalem vor Gericht. 1963 begann in Frankfurt der Auschwitz-Prozess. Durch diesen Prozess mit bis zu 20 000 Zuschauern wurde die Weltöffentlichkeit zum ersten Mal auf den Massenmord aufmerksam. Die Aufarbeitung der deutschen Geschichte durch die Deutschen selbst hatte begonnen. Bauer starb 1968 in Frankfurt.

1977 Gudrun Ensslin stirbt in Stuttgart-Stammheim

Es ist schon auffällig, dass so viele Terroristen der Roten Armee Fraktion (RAF) aus Baden-Württemberg kamen: Gudrun Ensslin wurde in Bartholomä im Ostalbkreis geboren, wuchs in Tuttlingen auf, studierte in Tübingen und Schwäbisch Gmünd. Brigitte Mohnhaupt ging in Bruchsal zur Schule, Ingrid Siepmann studierte in Tübingen. Christian Klar kam aus Freiburg und wohnte in Karlsruhe, zusammen mit Adelheid Schulz und Günter Sonnenberg, später auch mit Knut Folkerts, der aus Singen kam, Siegfried Haag, Stefan Wisniewski, Adelheid Schulz, Juliane Plambeck, Siegfried Hausner und neun andere aus dem »Sozialistischen Patientenkollektiv« in Heidelberg.

■ *Gudrun Ensslin (1940–1977) war Mitbegründerin und führendes Mitglied der Rote Armee Fraktion.*

Gudrun Ensslin gehörte zur ersten Generation der RAF, 1940 als viertes von sieben Kindern des Pastors Helmut Ensslin geboren, engagierte sie sich 1965 für Willy Brandt. 1968 wurde sie das erste Mal verhaftet, nachdem sie mit Andreas Baader und anderen Kaufhäuser in Brand gesteckt hatte. Sie tauchte unter und beteiligte sich an den Verbrechen der RAF, bis sie 1972 wieder verhaftet wurde. Die RAF beging unter anderem Banküberfälle, führte Bombenanschläge gegen US-Militäreinrichtungen durch, versuchte 1972 in Karlsruhe, den Ermittlungsrichter am

Bundesgerichtshof, Wolfgang Buddenberg, zu ermorden, und erschoss 1977 Siegfried Buback in Karlsruhe.

Für Ensslin und die anderen RAF-Gefangenen wurde die Justizvollzugsanstalt Stuttgart-Stammheim umgebaut, ein neues Gebäude kam für den Prozess hinzu, der siebte Stock wurde zum »Hochsicherheitstrakt«. 1964 war die Anstalt errichtet worden und galt schon damals als modernstes Gefängnis Deutschlands, mit meterhohen Mauern, Stacheldraht, Kameras und Bewegungsmeldern. Der RAF-Prozess dauerte vom Mai 1975 bis zum April 1977, 1976 hatte Ulrike Meinhof Selbstmord begangen, 1977 auch Ensslin, Baader und Jan-Carl Raspe. Damit war die RAF endgültig gescheitert, die Sympathien, die manche

■ *Die JVA in Stuttgart-Stammheim wurde in den Siebzigerjahren zum Hochsicherheitstrakt ausgebaut.*

■ *Ständige Polizeikontrollen aus Furcht vor den Terroristen beherrschten den Alltag.*

am Anfang für sie hatten, hatten sie sich durch ihre Taten längst verscherzt. Auch die weiteren Generationen von RAF-Terroristen begingen Verbrechen, die immer weniger mit einem politischen Ziel zu tun hatten, tauchten unter, versteckten sich in der DDR. Einigen wurde 1992 vom Bundesinnenminister Klaus Kinkel eine Amnestie angeboten, wenn sie auf weitere Taten verzichteten. 1998 erklärte die RAF auch offiziell ihre Selbstauflösung.

Das Gebäude des Oberlandesgerichts Stuttgart auf dem Gelände der JVA Stuttgart wird immer noch für große Prozesse benutzt, unter anderem gegen Islamisten, Angehörige der kurdischen PKK und gegen die Streetgang »Black Jackets«.

1979 In Sindelfingen wird der erste Landesverband der Grünen gegründet

■ *In Karlsruhe wurde im September 1979 die Bundespartei der Grünen gegründet.*

Der erfolgreiche Widerstand der ländlichen Bevölkerung, die Mitte der 1970er-Jahre das geplante Atomkraftwerk im badischen Wyhl verhinderte, hatte mehrere Effekte: Zum einen rückte die Umwelt ins allgemeine Bewusstsein und die Idee, dass man bei wirtschaftlichen Planungen auch anderes außer Profit, Steuern und Arbeitsplätze in Betracht ziehen könnte. Außerdem veränderte sich auch die Parteienlandschaft grundlegend: Nach Jahrzehnten der politischen Dominanz durch die angestammten Parteien in Bund und Land kam 1979 eine

neue Partei dazu: Die Grünen. Auf Anhieb bekamen sie 5,6 Prozent der Stimmen in Baden-Württemberg.

Gegründet wurde der Landesverband der Grünen Partei am 30. September 1979 in Sindelfingen, im Januar 1980 in Karlsruhe die Bundespartei. Bei der Landtagswahl im März zogen die Grünen bereits mit sechs Abgeordneten ins Parlament ein. Es war damals ein bunter Haufen: Latzhosen, Turnschuhe, lange Haare und strickende Männer während der Debatten waren keine Seltenheit. Sie präsentierten sich, indem sie Ministerpräsident Lothar Späth einen Kaktus überreichten. An diesem Tag demonstrierte der junge Winfried Kretschmann (geb. 1948) in Gorleben gegen das geplante Atommülllager. Die Grünen waren damals nicht einheitlich: Ihre Mitglieder und Wähler waren Anhänger der Antiatomkraftbewegung, Alternative, freie Linke, Lehrer und ehemalige SPD-Mitglieder. Dazu kamen Einzelkämpfer und alte Ökologen, sogar aus der rechten Szene. Das Bild vereinheitlichte sich erst langsam nach vielen Richtungs- und Flügelkämpfen.

Ihr Aufstieg war unaufhaltsam: Bei der Landtagswahl 1984 bekamen sie über acht Prozent, 1987 zogen sie in den Bundestag ein, der sich damit erstmals seit 1961 aus vier Parteien zusammensetzte. 1985 wurde Joschka Fischer Minister für Umwelt und Energie in Hessen (er legte den Eid in Turnschuhen ab, was damals einen Skan-

■ Urgestein der baden-württembergischen Grünen: Winfried Kretschmann, seit 2011 Ministerpräsident von Baden-Württemberg.

Die Menschenkette zwischen Stuttgart und Ulm 1983.

dal auslöste), von 1998 bis 2005 bildeten sie mit der SPD zusammen sogar die Bundesregierung.

Sie beteiligten sich auch weiter an außerparlamentarischen Protestaktionen, organisierten 1983 eine Menschenkette gegen den Nato-Doppelbeschluss. Ihre politischen Themen, Ökologie, Friedensbewegung, Ausländerintegration und Feminismus, sickerten nach und nach ins öffentliche Bewusstsein. 1991 wurde Elmar Braun in Maselheim bei Biberach der erste grüne Bürgermeister und dreimal wiedergewählt (mit erst 53, dann 70, dann 83, zuletzt 85 Prozent). Auch Konstanz (1996), Freiburg (2002), Tübingen (2007) und Stuttgart (2013) haben grüne Oberhäupter. Und 2011 wurde mit Winfried Kretschmann ein Grüner sogar Ministerpräsident – seit Reinhold Maier (1952/53) der erste, der nicht der CDU angehört.

1991 *Hundertwasser baut ein Haus in Plochingen*

Eigentlich hieß er Friedrich Stowasser, wie das berüchtigte Schullateinlexikon. Vielleicht hat ihn das zur Änderung seines Namens bewogen, zu Friedensreich Regentag Dunkelbunt Hundertwasser (»Sto« heißt in slawischen Sprachen »Hundert«). 1928 in Wien geboren, war er ein berühmter Architekt und Maler, später auch Umweltaktivist, der grade Linien hasste, seine Häuser bunt, schief und abseits jeden Standards baute. Im Jahr 2000 ist Hundertwasser auf der Rückreise von Neuseeland nach Europa vor Brisbane an Bord der »Queen Elizabeth 2« gestorben.

■ *Der Plochinger Regenturm mit den goldenen Kugeln.*

Auch in Plochingen, einem kleinen Ort im Kreis Esslingen, baute Hundertwasser. Dort befindet sich der einzige Innenhof, den er jemals gestaltet hat, mitten in einem Wohnblock, der Anfang der 1990er-Jahre nach einer grundlegenden Innenstadtsanierung gebaut wurde. Der Innenhof sollte öffentlich zugänglich sein, Gewerbe und Handel angesiedelt werden. Über die Partnerstadt Zwettl und politische Kontakte konnte der Bürgermeister Bauträger und Architekten von seinem Plan überzeugen und 1991 auch noch den berühmten Hundertwasser gewinnen. Und auf diesem schwieri-

gen Grundstück, zwischen Schnellstraße und Bahn, hat Hundertwasser ein phantasievolles Wunderwerk geschaffen. Dabei ist ihm der Spagat zwischen bunter Lust und deutschen Bauvorschriften gelungen.

Krönung des Ganzen ist der 33 Meter hohe »Regenturm«, der längst zum Wahrzeichen der Stadt geworden ist und von vier mit Blattgold belegten Kugeln gekrönt wird. Kein rechter Winkel ist zu sehen, der ganze Gebäudekomplex »Wohnen unterm Regenturm« ist eine märchenhafte Inszenierung aus organisch fließenden Formen, tanzenden Fenstern, fröhlichen Farben, Keramikmosaiken und bunten Terrakottasäulen, unterschiedlichen Dächern mit Dachterrassen, einer Steintreppe mit krummen Stufen, einem Teich und einem Pavillon mit einem Grasdach: Diese Siedlung, 1994 fertiggestellt, ist sicher eine der ungewöhnlichsten Deutschlands, uneben, unregelmäßig und mit Absicht unfertig.

Hundertwasser hat das Bauwerk mit den Architekten zusammen entworfen: Kein Grundriss wiederholt sich, die Fenster sind unterschiedlich groß, selbst die Türen haben verschiedene Farben, und es gibt individuell angelegte Gärten für die Erdgeschosswohnungen. Getreu Hundertwassers Philosophie: »Eine farbenfrohe Welt ist immer ein Synonym für das Paradies. Eine graue oder eintönige Welt ist immer ein Synonym für das Fegefeuer oder die Hölle«, schrieb er. »Die Vielfalt der Farben bringt Besserung, bringt das Paradies.«

■ *Ein Mosaik zeigt das Porträt des Künstlers Friedensreich Hundertwasser (1928–2000).*

■ *Ungewöhnliche Formen und Farben beherrschen Hundertwassers Architektur.*

Landesgeschichte

In Ihrer Buchhandlung

Harald Schukraft

Kleine Geschichte des Hauses Württemberg

Der Historiker Harald Schukraft stellt die Geschichte des Hauses Württemberg von den Anfängen über die Grafen-, Herzogs- und Königszeit bis zur Gegenwart dar. Das Buch ist mit Gemälden und Stichen sowie aktuellen Fotos reich bebildert.

292 Seiten, 196 Abbildungen, fester Einband. ISBN 978-3-87407-725-5

Georg Patzer

Höhe- und Wendepunkte der Geschichte: 50 x Baden

Georg Patzer erzählt unterhaltsam und fundiert von den 50 bedeutendsten Ereignissen aus der badischen Geschichte. Der Bogen spannt sich dabei von den römischen Kaisern bis ins Heute.

128 Seiten, 60 teilweise farbige Abbildungen, fester Einband. ISBN 978-3-8425-1330-3

Silberburg-Verlag

www.silberburg.de